Пробуди се, Израел

„Слънцето ще се превърне в тъмнина и луната – в кръв, преди да дойде великият и страшен ден Господен. И всеки, който призове името Господне, ще се избави; защото в хълма Сион и в ЙЙерусалим ще има избавени, както каза Господ, и между оцелелите – онези, които Господ ще повика."

(Йоил 2:31-32)

Пробуди се, Израел

Д-р Джейрок Лий

Пробуди се, Израел! от Д-р Джейрок Лий
Издадена от Urim Books (Представител: Seongnam Vin)
361-66, Шиндейбанг-донг, Донгджак-гу, Сеул Ю.Корея
www.urimbooks.com

Всички права запазени. Тази книга или части от нея не могат да бъдат възпроизвеждани в никаква форма, не могат да бъдат записвани във възпроизвеждаща система или предавани чрез електронни, механични, копирни или други видове средства, без предварително писмено разрешение на издателя.

Запазени права © 2020 от Д-р Джейрок Лий
ISBN: 979-11-263-0599-5 03230
Преводачески права © 2008 от Д-р Естер Куянг Чанг. Използвани с разрешение.

Предишно издание на корейски език от Юрим букс 2007

Първо издание март 2020

Редакция Д-р Джюмсан Вин
Дизайн от Издателска къща Юрим букс
Печатна фирма Yewon
За повече информация: urimbook@hotmail.com

Предговор

В зората на двадесети век, когато никой не искал да живее в безплодната земя на Палестина, там се случили редица забележителни събития. Евреите, които били разпръснати в Източна Европа, Русия и останалата част на света, започнали да приижат на земята, която изобилствала от болка, бедност, глад, болести и страдания.

Въпреки високата степен на смъртност от малария и глад, евреите не загубили своята голяма вяра и своите амбиции и започнали да строят кибуци (трудови обекти в Израел, например ферми или фабрики, където работниците живеели заедно и си разделяли по равно приходите и задълженията). Така, както е казал Теодор Херцел, основателят на модерния ционизъм: *„Ако можеш да го направиш, не е мечта,"* възстановяването на Израел станало реалност.

В интерес на истината, възстановяването на Израел се считало за невъзможна за изпълнение мечта и никой не искал да вярва в нея. Въпреки това, евреите я постигнали и със зараждането на държавата Израел, те по чудо възвърнали нацията си за първи път от 1900 години.

Хората на Израел, въпреки продължилите с векове гонения и мъчения, когато били разпръснати в чужди земи, бързо възстановили вярата, културата и езика си като непрекъснато ги усъвършенствали. След създаването на съвременната държава Израел, те култивирали безплодните земи и се съсредоточили върху развитието на промишлеността, което им позволило да достигнат нивото на развитите страни. Евреите са забележителни хора, които отстояли и просперирали сред непрекъснати предизвикателства и заплахи за своята нация.

След основаването на Централната църква Манмин през 1982 година, Бог ми разкри много за Израел с вдъхновението на Святия дух, защото независимостта на Израел е знамение за последните дни и за сбъдването на библейските пророчества.

„Слушайте, народи, словото Господне и известете в далечните острови, като кажете: Който разпръсна Израел, Той ще го събере и ще

го опази, както овчарят стадата си" (Еремия 31:10).

Бог е избрал народа на Израел, за да разкрие Своето провидение, чрез което Той е създал и развил хората. Най-напред, Бог създал Авраам – „баща на всички вярващи" и определил Яков, внук на Авраам, за основател на Израел. Бог провъзгласил волята Си на неговите потомци и изпълнява провидението за развитието на човечеството.

Когато Израел повярвал в Божието слово и следвал волята Му в подчинение, той се радвал на най-голяма слава и почит сред нациите. Когато се отдалечил от Бога и не се подчинявал, Израел станал обект на различни атаки, включително чуждестранни нашествия, а хората му били принудени да живеят като странници в четирите краища на земята.

При все това, дори и когато Израел срещал затруднения заради греховете си, Бог никога не го изоставил, нито забравил. Израел винаги бил обвързан с Бога чрез неговото съглашение с Авраам и Бог никога не преставал да работи за израелтяните.

С изключителната грижа и Божие ръководство, Израел

успял да се съхрани като нация, постигнал независимост и отново станал водеща държава. Как успяли хората на Израел да се спасят и защо страната била възстановена?

Много хора казват: „Оцеляването на еврейската нация е чудо." Преследването и гоненията на евреите по време на еврейската диаспора са неописуеми и историята на Израел сама по себе си свидетелства за истинността на Библията.

Въпреки всичко, още по-големи бедствия и страдания от претърпените от евреите, ще се случат по време на Второто пришествие на Исус Христос. Разбира се хората, които са приели Христос за свой Спасител, ще бъдат издигнати във въздуха и ще участват в сватбеното тържество с Господ. Онези, които не са приели Исус за свой Спасител, няма да бъдат издигнати във въздуха по времето на Неговото завръщане и ще страдат от Великите страдания в продължение на седем години.

> „Защото, ето, иде денят, който ще гори като пещ; и всички горделиви, и всички, които вършат нечестие, ще бъдат плява. И този ден, който иде, ще ги изгори, казва Господ на Силите, и няма да остане нито корен, нито клонче" (Малахия 4:1).

Бог вече ми е разкрил подробно бедствията, които ще се случат през седемте години на Великите страдания. Поради тази причина, желая истински хората на Израел като Божи избраници да приемат веднага Исус, дошъл на земята преди две хиляди години като техен Спасител, за да не може никой от тях да изостане назад и да се мъчи по време на Великите страдания.

На 25-тата годишнина на Централната църква Манмин, аз написах и посветих творба, даваща отговор на хилядолетния еврейски въпрос за Месията и на други постоянно повдигани вековни въпроси.

Нека всеки читател на тази книга да чуе отчаяното Божие послание за любов и да срещне без повече отлагане Месията, който бил изпратен от Бога за цялото човечество!

Обичам всички вас с цялото си сърце.

Ноември, 2007
В Гециманската къща за молитви
Джейрок Лий

Увод

Отдавам почести и благодарност на Бога за това, че ни ръководи и благославя за публикуването на *Пробуди се, Израел!* Тази творба беше публикувана според волята на Бога, който иска да събуди и да спаси Израел и е организирана с неизмеримата любов на Бога, който не желае да загуби нито една душа.

Глава 1, „Израел: Божият избраник" разглежда причините за Божието творение и развитието на хората на земята и за Неговото провидение, чрез което избира и управлява хората на Израел като Негови избраници в историята на човечеството. Главата ни запознава също с великите праотци на Израел, както и с нашия Господ, който слиза на този свят според пророчеството, предвидило идването на Спасителя на всички хора от къщата на Давид.

Чрез разглеждане на библейските пророчества за

Месията, Глава 2 „Месията, изпратен от Бога" свидетелства, че Христос е Месията, чието пристигане Израел все още очаква страстно и как според закона за изкупуване на земята, Той притежава всички качества, за да бъде Спасител на човечеството. По-нататък, втората Глава разглежда как се сбъдват пророчествата на Стария завет за Месията, олицетворен от Исус и връзката межди историята на Израел и смъртта на Христос.

Третата Глава, „Бог, в който вярват израелтяните", разглежда отблизо хората на Израел, които стриктно спазват закона и неговите традиции и им обяснява какво Му се нрави. В допълнение, напомняйки им, че са се отдалечили от волята на Бога заради създадената от тях традиция на старшинството, Главата ги подтиква да разберат истинската Божия воля за това, че Бог им е дал закона на първо място и да спазват закона с любов.

Последната Глава „Вижте и чуйте!" е посветена на нашето време, описано в Библията като „краят на света", както и предстоящата поява на антихриста и описанието на седемгодишните Велики страдания. Като представя двете тайни на Бога, подготвени с безкрайната Му любов за Неговия избраник, за да може хората на Израел да получат спасение в последните моменти от развитието на човечеството, последната Глава подтиква хората на Израел да не пропускат последната възможност за спасение.

Когато първият човек Адам извършва греха на неподчинението и е изгонен от Райската градина, Бог му дава да живее на земята на Израел. В цялата история на развитието на човечеството, Бог очаква в продължение на хилядолетия и днес все още се надява да получи истински деца.

Няма повече време за губене или за чакане. Нека всеки от вас наистина да разбере, че свършва времето ни и да се подготви да посрещне Господ, който ще се завърне като Цар на царете и Бог на боговете, моля се искрено в Негово име.

Ноември 2007
Гюм-сан Вин,
Главен издател

Съдържание

Предговор
Увод

Глава 1
Израел: Божият избраник

Започване развитието на човечеството _ 3
Велики патриарси _ 19
Хора, които свидетелстват за Исус Христос _ 39

Глава 2
Месията, изпратен от Бога

Бог обещал Месията _ 59
Характеристики на Месията _ 66
Христос изпълнява Пророчествата _ 82
Смъртта на Христос и предсказанията за Израел _ 90

Глава 3

Бог, в който вярват израелтяните

Законът и Традицията _ 99
Истинската цел на Бога за отдаването на Закона _ 109

Глава 4

Вижте и чуйте!

РВ края на света _ 129
Десетте пръста _ 147
Постоянна любов на Бога _ 159

Глава 1

Израел: Божият избраник

Започване развитието на човечеството

Моисей, великият ръководител на Израел, който освободил хората си от робство в Египет, завел ги в Ханаанската земя и служил като заместник на Бога, започнал речта си в книгата Битие, както следва:

„В началото Бог сътвори небето и земята" (1:1).

Бог създал небето, земята и всичко на нея за шест дни и си починал, благословил и осветил седмия ден. Защо Създателят Бог направил вселената и всичко в нея? Защо създал човека и позволил на безброй хора след Адам да живеят на земята?

Бог търсил хората, с които можел вечно да обменя любов

Преди създаването на небето и на земята, всемогъщият Бог съществувал в безкрайната вселена като светлината, в която се съдържал звукът. След дълго време самота, Бог пожелал да има хора, с които винаги да обменя любов.

Бог не само притежавал божествена природа, която го определяла като Създател, но и човешка природа, чрез която чувствал радост, гняв, скръб и удоволствие. Ето защо Той желаел да отдава и да получава любов от другите. В Библията има много цитати, които говорят за човешката природа на Бога. Той бил доволен и радостен от праведните дела на Израелтяните (Второзаконие 10:15; Притчи 16:7), но страдал и се ядосвал, когато съгрешавали (Изход 32:10; Числа 11:1, 32:13).

Има време, когато всеки човек желае да бъде сам, но той ще бъде още по-щастлив и благословен ако има приятел, с когото да сподели сърцето си. Тъй като Бог притежавал човешка природа, Той искал да има хора, на които да даде любовта Си, чиито сърца да разбира, както и те Него.

„Няма ли да бъде прекрасно и трогателно да имам деца, които да разбират сърцето Ми и с които мога да споделям и да получавам любов в това огромно и дълбоко царство?"

Следователно, по времето на Неговото избиране, Бог създал план да спечели истински деца, които да се грижат за него. С тази цел, Бог създал не само духовното царство, но и физическото, където хората да живеят.

Някои хора може да си помислят: „Има много небесни обитатели и ангели на небето, които са послушни. Защо

Бог е трябвало да си прави труда да създава човека?" С изключение на няколко ангела, повечето небесни създания не притежават човешка природа, която е най-съществениятелемент, необходим за отдаване и получаване на любов: свободна воля, чрез която да избират сами. Такива небесни създания са като роботи; те са послушни и изпълняват заповеди, но без да изпитват радост, гняв, скръб или удоволствие, те не са в състояние да отдават и да получават любов от все сърце.

Представете си две деца и едното от тях никога не изразява чувствата си, мнението си или любовта си, послушно е и прави, каквото му кажат. Другото дете, макар и от време на време да разочарова родителите си, защото разсъждава свободно, бързо се разкайва за лошите си постъпки, привързано е към родителите си с любов и открива сърцето си по различни начини.

Кое от двете деца ще изберете? Най-вероятно ще изберете второто. Дори и да имате робот, който да върши всичко вместо вас, никой от вас няма да избере робота пред собствените си деца. По същата причина, Бог предпочитал хората, които с готовност му се подчинявали, пред роботозирани небесни създания и ангели.

Божието провидение за спечелване на истински деца

След създаването на първия човек Адам, Бог сътворил

и Райската градина, която да управлява. Всичко било в изобилие в Райската градина и Адам управлявал с отдадената му от Бога свободна воля и власт. Все пак, имало нещо, което Бог му забранил.

„Господ Бог заповяда на човека: От всяко дърво в градината свободно да ядеш, но да не ядеш от дървото за познаване на доброто и злото, защото в деня, когато ядеш от него, непременно ще умреш" (Битие 2:16-17).

Това било система, установена от Бога между Бог Създателя и сътвореното човечество и Той искал Адам да му се подчинява доброволно от все сърце. Минало дълго време и Адам не успял да спази Божията повеля. Той извършил греха на неподчинението и ял от дървото на познанието на доброто и злото.

В Битие 3 има сцена, в която змията, подтикната от Сатаната, попитала Ева: „Истина ли каза Бог да не ядете от всяко дърво в градината?" (стих 1) Ева отговорила, „От плода на градинските дървета можем да ядем, но от плода на дървото, което е сред градината, Бог каза: Да не ядете от него, нито да се допрете до него, за да не умрете" (стих 2)

Бог ясно казал на Ева: „В деня, когато ядеш от него, непременно ще умреш", но тя изменила Божията заповед и казала: „Ти ще умреш."

Когато разбрала, че Ева не взела присърце Божията заповед, змията станала по-агресивна с изкушението си: „Никак няма да умрете!", казала тя на Ева. „Но Бог знае, че в деня, когато ядете от него, ще ви се отворят очите и ще бъдете като Бога, да познавате доброто и злото" (стих 5)

Когато Сатаната въздишал алчно в мислите на жената, дървото на познанието на доброто и злото започнало да изглежда различно в очите й. Плодовете на дървото изглеждали апетитни и не спирала да ги гледа, а дървото можело да я направи мъдра. Ева опитала от плода му и дала и на мъжа си, който също опитал.

По този начин Адам и Ева извършили греха на неподчинението на Божията заповед и се изправили пред смъртта (Битие 2:17).

В този случай „смърт" означава не само физическата смърт, когато дишането спира, а и духовна смърт. След като ял от дървото на познанието на доброто и злото, Адам имал деца и умрял на 930 години (Битие 5:2-5). Ето защо знаем, че думата „смърт" тук не се отнася за физическата смърт.

Човекът отначало е създаден от единството на душа, дух и тяло. Той притежавал дух, с който да общува с Бога; душа, която се подчинявала на духа и тяло, което служило като щит за душата и духа. След като пренебрегнал Божията заповед и извършил грях, духът умрял и комуникацията му с Бога прекъснала. Това е „смъртта", за която говори Бог в Битие 2:17.

След извършването на греха, Адам и Ева били изгонени от красивата и изобилна Райска градина. Така започнали бедите за цялото човечество. Болката при раждането нараснала многократно за жената, която трябвало сега да желае мъжа си и да му се подчинява, а той трябвало да се храни от прокълнатата земя с тежък труд през целия си живот (Битие 3:16-17).

По този въпрос, Битие 3:23 ни казва: „*Затова Господ Бог го изпъди от Едемската градина да обработва земята, от която беше взет.*" Тук, „да обработва земята" означава не само тежкия труд на мъжа, за да се храни от плодовете на земята, но и фактът, че той – създаден от пръст – трябва също „да култивира сърцето си" докато живее на земята.

Развитието на човечеството започва с греха на Адам

Адам бил създаден като живо създание и нямал злина в сърцето си, затова не трябвало да го култивира. Въпреки това, след съгрешаването, сърцето му било опетнено с неистина и трябвало да го пречисти, за да стане такова, каквото е било преди греха.

Ето защо, Адам трябвало да култивира сърцето си, което било озлочестено с неистина и грехове и да го превърне в чистото и праведно сърце на истинско Божие дете след греха. Когато Библията казва: „Бог го изгони от Райската градина, за да култивира земята, от която е взет", смисълът на това е „Божието развитие на човечеството."

Обикновено, „култивирането" означава процедурата, в която фермерът засажда семената, грижи се за реколтата и жъне плодовете. За да може „да култивира" хората на земята и да обере добрите плодове, което означава „истинските Божи деца", Бог засадил първите семена – Адам и Ева. Чрез Адам и Ева, които не се подчинили на Бога, се родили безброй деца и чрез Божието развитие на човечеството, безброй деца се родили отново като Божи деца, които култивирали сърцата си и възстановили загубения образ на Бога.

По този начин, „Божието развитие на човечеството" се отнася за целия процес, в който Бог се заема и управлява историята на хората от тяхното създаване до деня на Страшния съд с цел да постигне истински Свои деца.

Така, както фермерът преодолява наводнения, суша, мраз, градушки и вредители след първото засяване на семената, но на края пожънва хубави и сочни плодове, Бог контролира всичко, за да получи истински деца, които преодоляват смъртта, болестите, разделите и други видове страдания през живота си на земята.

Причината, поради която Бог поставя в Райската градина дървото на познанието на доброто и злото

Някои хора питат: „Защо Бог поставя дървото на

познанието на доброто и злото, с което хората съгрешават и са поведени към унищожението?" Причината, поради която Бог поставя дървото на познанието на доброто и злото е Божието прекрасно провидение, с което Той подтиква хората да научат за „относителността."

Повечето хора считат, че Адам и Ева са били повече от щастливи да живеят в Райската градина, защото там нямало сълзи, страдание, болести или беди. Адам и Ева не разпознавали истинското щастие и любов, защото нямали идея колко относително е всичко в Райската градина.

Например, как биха реагирали две деца на една и съща играчка ако едното е родено и израснало в богато семейство, а другото в бедна фамилия? Второто дете би било много по-радостно и благодарно от все сърце в сравнение с детето с богати родители.

Ако разбирате истинската стойност на нещо, вие трябва да познавате и да сте изпитали неговата противоположност. Едва, когато сте страдали от болести, вие може да оцените истинското значение на здравето. Едва, когато сте разбрали за смъртта и за ада, вие можете да оцените стойността на вечния живот и да благодарите на Бога на любовта от все сърце за това, че ви дава вечното небесно царство.

В Райската градина на изобилието, първият мъж Адам се радвал на всичко, което му давал Бог, дори и властта да управлява над другите създания. Все пак, това не било резултат на неговия тежък труд и пот и Адам не бил в състояние да разбере значението им и да оцени Бог за тях. Едва когато Адам е захвърлен на този свят и изпитал сълзите, скръбта, болестите, нещастието, злата участ и смъртта, той осъзнал разликата между радостта и мъката и значението на свободата и благоденствието, отдадено му от Бога в Райската градина.

За какво ни е вечен живот ако не познаваме радостта и скръбта? Дори и да изпитваме затруднения за известно време, ако можем по-късно да ги осъзнаем и да кажем: „Това е радост!", нашият живот ще стане много по-смислен и благословен.

Нима има родители, които не биха изпратили децата си на училище, а ще ги оставят вкъщи, само защото знаят колко трудно е да се учи? Ако родителите обичат децата си истински, те ще ги изпратят на училище и ще ги карат да учат прилежно трудни предмети, да изпитат различни неща, за да изградят по-добро бъдеще.

Същото е сърцето на Бога, който създал хората и ги култивира. Ето защо, Той поставил дървото на познанието на доброто и злото, не попречил на Адам да опита свободно от плода на дървото и го оставил да изпита радост, гняв, скръб и удоволствие по време на развитието на човечеството. Това е защото човек може да обича и да благославя Бога, който сам е любов и истина от все сърце едва когато е изпитал относителността и е разбрал истинската обич, радост и благодарност.

Чрез процеса на развитието на човечеството, Бог искал да спечели истински деца, които да познават сърцето Му и да се грижат за Него и да живее с тях на небето, споделяйки завинаги истинска и вечна любов.

Развитието на човечеството започва в Израел

Когато първият човек Адам е изгонен от Райската градина след неподчинението си на Божията заповед, той нямал право да избере земята, където да се засели, а Бог му избрал място. Това място било Израел.

Тук участвала Божията воля и провидение. След като съставил голям план за развитие на човечеството, Бог избрал хората на Израел като образец за човешкото култивиране. Ето защо, Бог специално позволил на Адам да живее нов живот на земята, където да изгради нацията на израелтяните.

С течение на времето, безброй народи се появили от синовете на Адам. Нацията на Израел била създадена по времето на Яков, потомък на Авраам. Бог искал да разкрие славата Си и Своето провидение като култивирал хората чрез историята на Израел. Това не се отнасяло само за израелтяните, но и за всички хора по света. Следователно, историята на Израел, за която се грижил сам Господ, не е просто историята на тази нация, а божествено послание за всички хора.

Защо тогава Бог избира Израел като образец за развитие на човечеството? Това било заради превъзходния характер на израелтяните, с други думи – тяхната прекрасна вътрешна същност.

Израел е потомък на „бащата на вярата", Авраам, който се нравил на Бога, както и на Яков, който бил толкова силен, че се борил с Бога и победил. Ето защо, дори и след като загубили земята си и живяли като скитници векове наред, хората на Израел запазили своята идентичност.

Преди всичко, в продължение на хилядолетия народът на Израел е запазил Божието слово, пророкувано чрез хора на Бога и е живял според него. Разбира се, имало е времена, когато цялата нация се отдръпнала от словото Му и съгрешавала срещу Него, но накрая хората се разкайвали и се връщали при Бога. Те никога не загубвали вярата си в техния ГОСПОД Бог.

Възстановяването на независимия Израел през двадесети век ясно показва какви сърца са имали тези хора като потомци на Яков.

Езекил 38:8 ни казва: *„След много дни ще бъдеш наказан; в следващите години ще дойдеш в земята, която е била отървана от меча и е била събрана от много племена, върху Израелевите планини, които са били непрекъснато пусти; но Израел беше пренесен измежду племената и те всички ще живеят в нея в безопасност."*

Тук, „в следващите години" се отнася за края на света, когато развитието на човечеството ще дойде към края си и „Израелевите планини" символизират град Йерусалим, разположен почти на 760 м (2494 фута) над морското равнище.

Следователно, когато пророк Езекиел казва: *„земята, която е била отървана от меча и е била събрана от много племена, върху Израелевите планини"*, това означава, че израелтяните ще се съберат от целия свят и ще възстановят държавата Израел. Според Божието слово Израел, разрушен от римляните през 70 година пр.н.е., се обявява за държава на 14 май, 1948 година. Земята не била нищо друго освен „континентална пустиня", но днес израелтяните са построили силна нация, която другите не могат лесно да пренебрегнат или да предизвикват.

Целта на Божия избор, въплътен в израелтяните

Защо Бог започнал култивирането на човечеството на земята на Израел? Защо Бог е избрал народа на Израел и управлява историята на тази страна?

Първо, чрез историята на Израел, Бог е искал да извести на всички нации, че Той е Създателят на небесата и на земята, че само Той е истинският Бог и че е жив. Чрез изучаване на историята на Израел, дори и неевреите лесно могат да почувстват присъствието на Бога и да разберат Неговото провидение за управление на историята на човечеството.

„И всички племена на света ще видят, че ти се наричаш с Господнето Име, и ще имат страх от тебе" (Второзаконие 28:10).

„Блажен си ти, Израелю! Кой е подобен на тебе, народе, спасяван от Господа, Който ти е щит за помощ и меч на твоята слава? Ще ти се покорят неприятелите ти; и ти ще стъпваш по височините им" (Второзаконие 33:29).

Божият избраник, Израел се е радвал на големи предимства и ние лесно можем да ги открием в историята на страната.

Например, когато Рахаб посрещнала двама мъже, изпратени от Джошуа, за да шпионират на Ханаанската земя, тя им казала: *„Защото чухме, как Господ (Бог) изсушил пред вас водата на Червено море, когато сте идели от Египет, и как сте постъпили с двамата аморейски царе отвъд Иордан, Сихона и Ога, които сте погубили; когато чухме това, сърце ни се сви, и в никого (от нас) дух не остана против вас; защото Господ, Бог ваш, е Бог на небето горе и на земята долу"* (Исус Навиев 2:10-11).

По време на пленничеството на израелтяните във Вавилон, Даниил вървял с Бога и царят на Вавилон – Навуходоносор почувствал Бога, с когото Даниил вървял.

След като царят почувствал Бога, той можел единствено да каже: *"славя, превъзнасям и величая Царя Небесни, Чиито всички дела са истински и пътищата Му праведни, и Който е силен да смири ония, които ходят гордо"* (Даниил 4:37).

Същото се случило, когато Израел бил под управлението на Персия. Когато видяли делата на живия Бог в отговор на молитвата на царица Естир: *"И мнозина човеци от народите в страната станаха иудеи, защото ги бе обзел страх пред иудеите"* (Естир 8:17).

По този начин, когато дори и евреите изпитали живия Бог, който работил за израелтяните, те започнали да се страхуват и да почитат Бога. Дори и потомството им почитало Бога след тези събития и примери.

Второ, Бог избрал Израел и ръководил хората му, защото искал всички хора да разберат чрез историята му защо е създал човека и защо го култивира.

Бог се грижи за човечеството, защото иска да има истински деца. Истинското дете на Бога е онова, което прилича на Бога, изпълнен с доброта и любов, праведен и свят. Такива деца на Бога Го обичат и спазват волята Му.

Когато Израел спазвал Божиите заповеди и Му служил, Той поставил израелтяните над всички хора и нации. В обратния случай, когато народът на Израел се кланял на идоли и пренебрегвал Божиите заповеди, израелтяните били субект на всякакви нещастия и несгоди като войни, природни бедствия или пленничество.

С всяка стъпка от този процес, израелтяните се научавали да се смиряват пред Бога и всеки път, когато го правели, Бог им помагал с неизменната си милост и любов и ги обгръщал с милосърдието Си.

Когато цар Соломон обичал Бога и спазвал Неговите заповеди, той се радвал на слава и блясък, но когато царят започнал да се отдалечава от Бога и да служи на идоли, славата и блясъкът, на които се радвал, угаснали. Когато царете на Израел като Давид, Йосафат и Езекия спазвали Божия закон, страната била силна и процъвтявала, но нацията била слаба и обект на чуждестранни нашествия под управлението на царе, които се отклонявали от правия път.

По този начин историята на Израел разкрива Божията воля и служи като отражение на Неговото желание за всички народи. Когато хората, създадени по Божия образ и подобие, спазват Неговите заповеди и са святи според словото Му, те ще получат Божията благословия и ще живеят според волята Му.

Израел бил избран сред всички нации, за да разкрие Божието провидение и е получил голяма благословия в службата Му като ръкоположена нация, отговорна за Божието слово. Дори когато израелтяните съгрешавали, Бог опрощавал греховете им и ги спасявал, защото се покайвали със смирени сърца, така както бил обещал на великите им патриарси.

Преди всичко, най-голямата благословия, която Бог обещал и запазил настрана за Неговия избраник, била славата, че Месията ще дойде сред тях.

Велики патриарси

В цялата история на човечеството, Бог закрилял Израел и изпратил Божиите хора, за да не изчезне името на страната. Божиите хора изиграли ролята на добрия плод според Божието провидение за развитие на човечеството и спазвали словото Му с любов към Него. Бог поставил основите на израелската нация чрез великите патриарси на Израел.

Авраам, Бащата на вярата

Авраам е известен като баща на вярата чрез своята вяра и покорност, който създал велика нация. Той бил роден преди около четири хиляди години в Ур Халдейски и след като бил повикан от Бога, дотолкова спечелил Божията любов и признание, че бил наречен Божи „приятел."

Бог повикал Авраам и му обещал следното:

> „И рече Господ на Аврама: излез от твоята земя, от твоя род и от дома на баща си (та иди) в земята, която ще ти покажа; и Аз ще произведа от тебе голям народ, ще те благословя

и ще възвелича името ти, и ти ще бъдеш благословен" (Битие 12:1-2).

По онова време, Авраам вече не бил млад, нямал наследници и не знаел накъде да отиде; следователно, не му било лесно да се подчини. Макар и да не знаел накъде отива, той продължил напред, защото вярвал изцяло на Бога, който никога не нарушавал обещанията си. По този начин, Авраам вярвал във всичко, което правил и животът му бил благословен.

Авраам не само показал на Бога съвършена покорност и праведни действия, но той винаги се отнасял добре с хората.

Например, когато Авраам напуснал Харан по заповед на Бога, племенникът му Лот тръгнал с него. Когато натрупали голямо имане, Авраам и Лот не можели повече да останат на същото място. Недостатъкът на пасища и вода довел до „спречкване между Аврамовите и Лотовите говедари" (Битие 13:7). Въпреки че Авраам бил много по-възрастен, той не търсил и не настоявал за неговия дял от печалбата. Той отстъпил на своя племенник Лот правото да избере по-добрата земя и му казал в Битие 13:9: *„Не е ли цялата земя пред тебе? отдели се от мене: ако идеш ти наляво, аз – надясно, ако пък ти – надясно, аз – наляво."*

Тъй като Авраам имал чисто сърце, той не искал да вземе нито конец, нито ремък за обувки ако не били негови (Битие 14:23). Когато Бог му казал, че градовете Содом и Гомор ще бъдат унищожени, защото преливали от грях, Авраам, който притежавал духовна любов, помолил Бога и получил обещанието Му, че няма да унищожи Содом ако в града се намерят десет праведника.

Добротата и вярата на Авраам били съвършени и той спазвал заповедта на Бога, който искал да пожертва обичния си и единствен син като жертвоприношение.

В Битие 22:2, Бог заповядва на Авраам: *„Вземи едничкия си син Исаака, когото ти обичаш, и иди в земя Мория, и там го принеси в жертва всесъжение на една от планините, която ще ти покажа."*

Исаак бил сина на Авраам, роден, когато Авраам бил на сто години. Преди раждането на Исаак, Бог казал на Авраам, че неговият потомък ще го наследи и че броят на потомците му ще се изравни с броя на звездите. Ако Авраам беше следвал плътските си желания, той нямало да може да спази Божията заповед и да принесе Исаак в жертва. Авраам Му се подчинил веднага без да задава въпроси.

В момента, в който Авраам повдигнал ръката си, за да убие Исаак на подготвения олтар, Божият ангел го повикал и му казал: *„Аврааме, Аврааме! И той отговори: Ето ме. Ангелът каза: Да не вдигнеш ръката си върху момчето, нито да му направиш нещо; защото сега зная, че ти се боиш от Бога, понеже не пожали за Мен и сина си, единствения си син"* (Битие 22:11-12). Колко трогателна и божествена е тази сцена?

Тъй като никога не се поддавал на плътски помисли, в

сърцето на Авраам нямало противоречия или тревога и той можел само да се подчинява на Божиите заповеди с вярата. Той имал пълно доверие на Бога, който изпълнявал всичките му желания – всемогъщият Бог, който съживявал мъртвите и Богът на любовта, който искал да даде на децата Си само добри неща. Тъй като Авраам се подчинявал от все сърце и показвал чрез дела вярата си, Бог го приел като Баща на вярата.

> *„В Себе Си се заклевам, казва Господ, че понеже си направил това нещо и не пожали сина си, единствения си син, ще те благословя премного и ще умножа и преумножа потомството ти като небесните звезди и като пясъка на морския бряг; и потомството ти ще завладее портата на неприятелите си; в твоето потомство ще се благословят всички народи на земята, защото си послушал гласа Ми"* (Битие 22:16-18).

Вярата и добротата на Авраам удовлетворявали Бога, той бил наречен „приятел" на Бога и считан за Баща на вярата. Освен това станал бащата на всички нации и източникът на всички благословии, както Бог му обещал, когато го повикал за първи път: *„Ще благословя онези, които те благославят, а ще прокълна всеки, който те кълне; и в тебе ще се благославят всички земни племена"* (Битие 12:3).

Божието провидение чрез Яков, бащата на Израел и Йосиф Прекрасният

Исаак бил син на Авраам – Бащата на вярата, а Исав и Яков били синове на Исаак. Бог избрал Яков, чието сърце превъзхождало това на брат му, докато се намирал в майчината утроба. Яков по-късно бил наречен „Израел", станал основоположник на израелската нация и бащата на Дванадесетте племена.

Като купил първородството на брат си Исав за чиния с леща и отнел благословията на Исав като измамил баща си Исаак, Яков страстно желаел Божията благословия и духовни облаги. Яков имал измамна природа, но Бог знаел, че след трансформацията му, щял да стане велик приемник. Поради тази причина, Бог подложил Яков на двадесетгодишни изпитания, за да го пречупи и укроти.

Когато Яков отнел първородството на брата си чрез измама, Исав се опитал да го убие и Яков трябвало да избяга. В крайна сметка, Яков заживял при своя чичо Лаван, където станал пастор на овце и кози. Той признал в Битие 31:40: *„Ето как беше с мене: през деня пекът ме изтощаваше, а през нощта – мразът, и сънят бягаше от очите ми."*

Бог се отплаща на всеки човек според стореното от него. Той видял делата на Яков, изпълнени с вяра и го благословил с големи богатства. Когато Бог му казал да се върне в родната си земя, Яков напуснал Лаван и поел към дома със своето семейство и притежания. Когато стигнал реката Ябок, Яков чул, че брат му Исав се намирал от другата страна на реката с 400 човека.

Яков не можел да се завърне при Лаван, заради обещанието, което направил на чичо си. В същото време не бил в състояние да пресече реката и да се изправи срещу Исав, който искал отмъщение. Намирайки се в затруднено положение, Яков вече не разчитал на разума си, но се отдал на молитва. Съсредоточен в молитвата си, Яков страстно се молил на Бога до такава степен, че разместил бедрената си става.

Яков се борил с Бога и победил и Бог го благословил с думите: „Няма да се наричаш вече Яков, а Израел, защото си бил в борба с Бога и с хора и си надвил" (Битие 32:28). След това Яков имал възможност да се сдобри с Исав.

Причината, поради която Бог избрал Яков, било неговото постоянство и издръжливост, защото чрез изпитанията, той можел да се превърне в приемник и да изиграе важна роля в историята на Израел.

Яков имал дванадесет сина и те поставили основите за създаването на израелската нация. Въпреки това, тъй като били просто племе, Бог планирал да ги установи в границите на Египет, който представлявал силна страна, докато потомците на Яков могли да станат велика нация.

Този план бил плод на Божията любов, за да ги предпази от други народи. Човекът, натоварен с тази важна задача, бил Йосиф – единадесетият син на Яков.

От всички свои 12 сина, Яков бил толкова привързан към Йосиф, че го облякъл с разноцветна туника. Йосиф станал обект на омразата и завистта на братята си, които го продали в робство в Египет на 17-годишна възраст. Но той никога не се оплаквал и не ги намразил.

Йосиф бил продаден в къщата на Потифар – началник на телохранителите на Фараона. Там работил прилежно и усърдно и спечелил доверието и благосклонността на Потифар. Ето как, Йосиф станал управител в дома му и отговарял за цялото домакинство.

Въпреки това се появил проблем. Йосиф бил хубав мъж и съпругата на господаря му се опитала да го съблазни. Воден от вярата си и от уважението си към Потифар, Йосиф смело й отказал: *„В този дом няма никой по-голям от мене, нито е задържал от мене друго нещо освен тебе, защото си му жена; и така, как да извърша аз това голямо зло и да съгреша пред Бога?"* (Битие 39:9)

В крайна сметка, след лъжливите й обвинения, Йосиф бил захвърлил в кралския затвор. Дори и в затвора, Бог бил с него и с Божията подкрепа, Йосиф станал отговорник в затвора.

С опита, който натрупал, Йосиф помъдрял достатъчно, за да може да управлява нацията, да развие своите политически убеждения и да стане велик приемник за обичта на хората.

След като тълкувал сънищата на Фараона и след като предложил мъдри решения на неговите проблеми, Йосиф станал управител на Египет. По този начин, чрез Божието провидение и чрез изпитанията, изпратени на Йосиф, на 30 годишна възраст Бог го издигнал на длъжност вицекрал на най-силната по онова време нация.

Йосиф изтълкувал сънищата на Фараона и Близкият изток, включително Египет, бил обхванат от седем-годишен глад. Йосиф бил подготвен за това събитие и успял да освободи всички египтяни. Братята му дошли в Египет в търсене на храна, събрали се отново с него и всички роднини скоро се преместили в Египет, където живяли охолно и поставили основите на израелската нация.

Моисей: Велик водач направил възможно излизането на евреите от Египет

След като се установили в Египет, броят на израелтяните нараснал, те станали заможни и достатъчно многобройни и силни, за да формират собствена нация.

Когато на власт дошъл новият цар, който не познавал Йосиф, той започнал да се бори срещу богатството и силата на израелтяните. Царят и неговите служители скоро започнали да утежняват живота на израелтяните с тежка работа, да правят кал и кирпичи и да вършат всякакъв вид полска работа – всички неща, които ги карали да работят, били много тежки (Изход 1:13-14).

Въпреки това, *„Колкото повече ги измъчваха, толкова*

повече те се размножаваха и се разпростираха, така че египтяните се страхуваха от израелтяните" (Изход 1:12). Фараонът скоро заповядал всички бебета от мъжки пол да бъдат убити при раждането им. Когато чул зова за помощ на израелтяните, за да ги освободи от робството им, Бог си спомнил за споразумението с Авраам, Исаак и Яков:

> „На теб и на потомството ти след тебе ще дам за вечно притежание земята, в която си пришълец, цялата Ханаанска земя; и ще им бъда Бог" (Битие 17:8).

> „и земята, която дадох на Авраам и Исаак, на тебе ще я дам; и на потомството ти след тебе ще дам земята" (Битие 35:12).

За да може да избави израелтяните от нещастието им и да ги заведе на Ханаанската земя, Бог подготвил един човек, който да спазва безусловно заповедите Му и да води хората Му от сърце.

Този човек бил Моисей. Родителите му го укривали три месеца след неговото раждане, но когато повече не можели да го крият, те го сложили в една плетена кошница и поставили кошницата сред тръстиките на брега на река Нил. Когато дъщерята на Фараона открила детето в тази плетена кошница и решила да го гледа като свое, неговата сестра, която стояла на разстояние, за да наблюдава какво ще се случи с бебето, препоръчала биологичната му майка за детегледачка.

По този начин, Моисей бил отгледан в царския палат от своята биологична майка и естествено научил за Бог и за израелтяните – неговите хора.

Тогава един ден, той видял един египтянин да бие негов приятел евреин и в гнева си убил египтянина. Когато хората научили за това, Моисей избягал от Фараона и отишъл в Мадиан. Той бил пастир на овце в продължение на 40 години и това било част от провидението на Бога, който искал да подготви Моисей за водач на евреите и тяхното излизане от Египет.

В деня, избран от Бога, Той повикал Моисей и му заповядал да изведе израелтяните от Египет към Ханаанската земя, която изобилствала от мед и мляко.

Фараонът имал закоравяло сърце и не послушал заповедите на Бога, отдадени чрез Моисей. В резултат на това, Бог причинил десетте чуми на Египет и принудил израелтяните да избягат от там.

Едва когато изпитали болката от смъртта на своите първородни синове, Фараонът и хората му коленичили пред Бога и израелтяните могли да бъдат освободени от робството. Бог сам водил израелтяните на всяка крачка по техния път; Той разделил Червено море, за да могат да го пресекат. Когато нямали питейна вода, Бог направил така, че от скалата да бликне вода и когато нямали с какво да се нахранят, Бог изпратил манна небесна и яребици. Господ изпълнил тези чудеса и знамения чрез Моисей, за да осигури оцеляването на милиони израелтяни в продължение на 40 години в пустинята.

Преданият Бог повел хората на Израел към Ханаанската земя чрез Исус Навиев, последователят на Моисей. Бог помогнал на Исус Навиев и хората му да пресекат реката Йордан и им помогнал да завладеят град Йерихон. Чрез Своите способи, Бог им позволил да завземат и да притежават по-голяма част от Ханаанската земя, богата на мед и мляко.

Разбира се, завладяването на Ханаанската земя не било само Божия благословия за израелтяните, но също и резултат от справедливото Му отсъждане срещу обитателите на Ханаанската земя, които били грешни и злонамерени. Обитателите на Ханаанската земя били осъдени за порочността си и Бог в правосъдието Си повел израелтяните да завладеят земята.

Както Бог казал на Авраам: *„А в четвъртия род потомците ти ще се върнат тук; защото беззаконието на аморейците не е още стигнало до върха си"* (Битие 15:16). Потомците на Авраам – Яков и синовете му напуснали Ханаанската земя и се заселили в Египет, а техните потомци се завърнали на нея.

Давид установил могъщия Израел

След завладяването на Ханаанската земя, Бог управлявал Израел чрез съдии и пророци по време на Периода на съдиите и тогава Израел станал царство. По време на управлението на Цар Давид, който обичал Бога над всичко друго, били поставени основите като нация.

Когато бил млад, Давид убил един известен воин сред филистимците чрез смъртоносен удар с прашка и в признание на заслугите му на бойното поле, Давид станал военачалник на армията на Цар Саул. Когато Давид се завърнал в дома си след победата над филистимците, много жени пяли песни докато танцували и казвали: „Саул уби хиляди, а Давид – десетки хиляди" и всички израелтяни започнали да го обичат. Цар Саул изпитвал голяма ревност и кроял планове да убие Давид.

Сред отчаяните опити на Цар Саул да го убие, Давид на два пъти имал възможност да го порази, но не го направил, защото сам Бог го избрал за цар. Един път, Давид коленичил с лице опряно към земята и казал на Цар Саул: *„Виж още, татко мой, виж, полата на мантията ти е в ръката ми; и от това, че отрязах полата на мантията ти, но не те убих, разбери и виж, че няма нито злоба, нито престъпление в ръката ми и че не съм съгрешил против тебе, при все че ти ме преследваш, за да отнемеш живота ми"* (1 Царе 24:11).

Давид, чието сърце наподобявало сърцето на Бога, търсил

доброто във всички неща дори и след като станал цар. По време на управлението си, Давид ръководил царството справедливо и го укрепил. Тъй като Господ го съпровождал, Давид победил в битките срещу съседните филистимци, моабитите, амалеките, амоните и едомитите. Той увеличил територията на Израел, а военните трофеи и налозите увеличили богатствата на царството. Цар Давид се радвал на благополучие.

Давид преместил ковчега на Завета в Йерусалим, установил процедурите за жертвоприношения и засилил вярата в Господ Бог. Царят основал Йерусалим като политически и религиозен център на царството и направил всички приготовления за построяването на Святия храм на Бога по време на управлението на неговия син – Цар Соломон.

От цялата си история, най-голяма сила и блясък Израел притежавал при управлението на Цар Давид, хората го ценяли високо и той славил Бога. Какъв велик патриарх е бил Давид, за да дойде Месията от неговите потомци?

Илия връща към Бога сърцата на израелтяните

Соломон – синът на Цар Давид, се кланял на идоли в последните години на царството си и след смъртта му, страната се разделила на две. Десет от дванадесетте племена на Израел формирали северното царство, а останалите племена създали южното царство, наречено Юдея.

Пророците Амос и Осия разкривали Божията воля на неговите хора в царството на Израел, а пророците Исая и Еремия провеждали своите духовенства в Юдейското царство. Когато идвало времето за избора Му, Бог изпращал пророците си и изпълнявал волята Си чрез тях. Един от тях бил пророк Илия. Илия провеждал своето духовенство по време на управлението на Цар Ахав в Северното царство.

По времето на Илия, нееврейската царица Йезавел въвела в Израел идолопоклонничеството пред Ваал. Първата мисия на пророк Илия била да каже на Цар Ахав за предстоящата суша в Израел, в продължение на три и половина години в резултат на Божията присъда за тяхното идолопоклонничество.

Когато пророкът научил, че царят и царицата искали да го убият, Илия избягал в Сарепта, който принадлежал на Сидон. Там една вдовица го нагостила с хляб, а в замяна Илия я благословил с чудесата си и тя не останала без храна докато траел гладът и сушата. По-късно Илия съживил мъртвия син на вдовицата.

На върха на планината Кармел, Илия се бил срещу 450 пророка на Ваал и 400 пророка на Ашера и свалил на земята небесния огън на Бога. За да отвърне от идолите сърцата на израелтяните и за да ги върне към Бога, Илия възстановил олтара на Бога, изсипал вода върху приношенията и алтара и ревностно се молил на Господ.

„А в часа на вечерния принос пророк Илия се приближи и каза: Господи, Боже Авраамов, Исааков и Израелев, нека стане известно днес, че Ти си Бог в Израел и аз – Твой слуга, и че според Твоето слово аз сторих всички тези неща. Послушай ме, Господи, послушай ме, за да познае този народ, че Ти, Господи, си Бог и че Ти си възвърнал сърцата им назад. Тогава огън от Господа падна, изгори всеизгарянето, дървата, камъните и пръстта, и облиза водата, която беше в изкопа. И целият народ, когато видяха това, паднаха по лицата си и казаха: Йехова, Той е Бог; Йехова, Той е Бог. А Илия им нареди: Хванете Вааловите пророци. Не оставяйте нито един от тях да избяга. И ги хванаха. Илия ги заведе при потока Кисон и там ги изкла" (3 Царе 18:36-40).

В допълнение, той предизвикал дъжд след три и половина години суша, пресякъл реката Йордан сякаш вървял по земята и предсказал събитията от бъдещето. Като представил чудодейната сила на Бога, Илия свидетелствал ясно за Неговото съществуване.

4 Царе 2:11 казва: *„И докато те още ходеха и разговаряха, ето, появи се огнена колесница и огнени коне, които ги разделиха един от друг; и Илия възлезе с вихрушка на небето."* Тъй като Илия удовлетворил Бога с

вярата си в максимална степен и получил Неговата любов и признание, пророкът се изкачил на небето без да срещне смъртта.

Даниил разкрива Божията слава на хората

Двеста и петдесет години по-късно, около 605 преди Христа, в третата година от царуването на Цар Йоаким, Йерусалим паднал под владичеството на вавилонския Цар Навуходоносор и мнозина от членовете на царското семейство в Юдея били взети за пленници.

Като част от мирната политика на Навуходоносор, царят наредил на Асфеназ, главен царски служител, да доведе някои от синовете на Израел, включително членове на царския род и на благородниците, юноши без никакъв недостатък, красиви наглед, които проумявали всякаква мъдрост, вещи във всякакво знание, такива, които владеели науките и били достойни да стоят в царския палат. Царят му наредил да ги учи на учението и на езика на халдейците и сред тези юноши бил Даниил (Даниил 1:3-4).

Но Даниил решил да не се оскверни от изрядните ястия на царя, нито от виното, което той пиел и помолил началника на евнусите да не се оскверни. (Даниил 1:8).

Макар и да бил военопленник, Даниил бил благословен от Бога, защото се страхувал от Него във всичките си начинания. Бог дал на Даниил и на приятелите му знание и разум във всяко учение и мъдрост. Даниил можел да разгадава всички видения и сънища (Даниил 1:17).

Ето защо, той продължавал да бъде почитан и облагодетелстван от царете въпреки смяната на царствата. Признавайки изключителния му дух, персийският Цар Дарий искал да го издигне над всички в царството. Това предизвикало завистта на някои членове от царската свита, които търсили мотиви, за да обвинят Даниил в държавна измама, но не намерили доказателства.

Когато научили, че Даниил се молил на Бога три пъти дневно, членовете на царската свита и сатрапите отишли при царя и го помолили да издаде указ, че всеки, който отправи молитва към Бога или към друго лице, различно от царя за един месец, трябвало да бъде захвърлен в клетката с лъвовете. Даниил не се поколебал; дори и с риск да загуби репутацията си, високата си длъжност и своя живот в клетката с лъвовете, той продължил да се моли с лице, обърнато към Йерусалим.

По заповед на царя, Даниил бил захвърлен в клетката с лъвовете, но Бог изпратил своите ангели, за да им затворят устите и Даниил останал невредим. Когато чул това, Цар Дарий писал до всички хора, нации и народи, които говорели различни езици и живеели навсякъде по света и ги подтикнал да възхваляват и да отдават почит на Бога:

„Издавам указ – в цялата държава, над която царувам, да треперят хората и да се боят пред Данииловия Бог; защото Той е живият Бог, Който е утвърден довека, и Неговото царство е

царство, което няма да се наруши, и властта Му ще трае до край. Той избавя и отървава, и върши знамения и чудеса на небесата и на земята; Той е, Който отърва Даниил от силата на лъвовете" (Даниил 6:26-27).

В допълнение към патриарсите на вярата, които признавали Бога, няма достатъчно хартия и мастило, за да се опишат правоверните дела на Гедеон, Варак, Самсон, Йеффай, Книга на царете, Исая, Еремия, Езекил, тримата приятели на Даниил, Естир, и всички пророци, описани в Библията.

Велики родоначалници за всички нации на земята

От най-ранните дни на израелската нация, Бог лично планирал и направлявал нейния курс. Винаги, когато израелтяните се намирали в криза, Бог ги спасявал като им изпращал пророците, които подготвял и направлявал историята на Израел.

Ето защо, за разлика от историята на други народи, историята на Израел се развивала според Божието провидение от дните на Авраам и ще продължава да се развива съгласно Божия план до края на времената.

Бог определя и използва родоначалниците на вярата сред израелтяните, за да изпълни Своя план и Своето провидение не само за Своите избраници – израелтяните, но и за всички хора по света, които вярват в Него.

"Тъй като Авраам ще стане велик и силен народ и чрез него ще се благословят всички народи на земята?" (Битие 18:18)

Бог желае „всички нации на земята" да станат деца на Авраам по вяра и да получат благословиите му. Той не е запазил благословиите само за Своите избраници – израелтяните. Бог обещал на Авраам в Битие 17:4-5, че ще стане баща на множество народи; в Битие 12:3, че в него ще се благославят всички земни племена и в Битие 22:17-18, че в неговото потомство ще се благословят всички народи на земята.

Освен това, чрез историята на Израел, Бог е открил пътя за всички нации по света да научат, че само ГОСПОД Бог е истинският Бог, да Му служат и да станат истински Негови деца, които Го обичат.

"Дадох достъп на онези, които не питаха за Мене; бях близо до онези, които не Ме търсеха. Ето Ме! Ето Ме! – казах на народ, който не призоваваше името Ми" (Исая 65:1).

Бог утвърдил велики родоначалници и лично ръководил и направлявал историята на Израел, за да позволи, както на неевреите, така и на Неговите избраници – израелтяните, да се молят в Негово име. До тогава Бог изпълнил историята на развитието на човечеството, но сега е измислил друг прекрасен план, за да приложи провидението за развитието на хората и за неевреите. Ето защо, когато настъпило времето за избора Му, Бог изпратил Сина Си на земята на Израел не само като Месията на Израел, но и като Месията на всички хора.

Хора, които свидетелстват за Исус Христос

През цялата история на развитието на човечеството, Израел е заемал винаги централно място в изпълнението на Божието провидение. Бог разкрил Себе Си на родоначалниците на вярата, предсказал им какво ще се случи и изпълнил обещанията Си. Казал също на израелтяните, че Месията ще произхожда от племето на юдеите и дома на Давид и ще спаси всички нации на земята.

Следователно, Израел очаквал Месията, пророкуван в Стария завет. Месията е Исус Христос. Разбира се, хората, които вярват в юдаизма, не признават Исус като Божи Син и месията, а все още очакват идването Му.

Въпреки това, Месията, очакван от Израел и Месията, на когото е посветена останалата част от тази глава е един и същ.

Какво казват хората за Исус Христос? Ако разгледате пророчествата за Месията, тяхното изпълнение и описанието на Месията, ще потвърдите факта, че Месията, за когото копнее Израел, не е никой друг, а Исус Христос.

От гонител на Исус Христос, Павел става Негов Апостол

Павел е роден в град Тарс в Киликия в съвременна Турция преди около 2000 години и неговото име по рождение е Саул. Саул бил изчистен от грехове на осмия ден от своето раждане, от израелската нация, от племето на Бенхамин и евреин на евреите. Саул бил считан за безпогрешен според праведността на закона. Получил образование от Гамалиил – уважаван от всички учител по Право. Той живеел съвестно според закона на прадедите си и бил гражданин на Римската империя – най-могъщата страна в света по онова време. С една дума, нямало нищо, което да липсва на Саул що се отнася до неговото семейство, род, знания, богатство или власт.

Саул обичал Бог над всички друго и ревностно преследвал последователите на Исус Христос. Когато чул християните да твърдят, че разпънатият Исус бил Божи Син и Спасител и че възкръснал на третия ден от погребението Му, Саул счел това за богохулство срещу самия Бог.

Саул вярвал, че последователите на Исус Христос заплашвали фарисейския юдаизъм, на който той бил страстен привърженик. Поради тази причина, той безмилостно преследвал и унищожавал църквата и ръководил пленяването на вярващите в Исус Христос.

Хвърлил в затвора много християни и одобрил убийствата. Наказал вярващите в синагогите, опитал се да ги накара да богохулстват срещу Исус Христос и ги преследвал и в другите градове.

В този момент Саул преживял важно събитие, което преобърнало живота му. Намирал се на път за Дамаск, когато изведнъж около него бляснала небесна светлина.

"Саул, Саул, защо Ме преследваш?"
"Кой си Ти, Господи?"
"Аз съм Исус, когото ти преследваш."

Саул се изправил от земята, но не виждал нищо и хората го завели в Дамаск, където останал сляп в продължение на три дни. Не можел нито да пие, нито да се храни. След този случай, Господ се явил като видение на ученика на име Анания.

И Господ му каза: Стани и иди на улицата, която се нарича Права, и попитай в къщата на Юда за един тарсянин на име Савел; защото, ето, той се моли; и е видял един човек на име Анания да влиза и да полага ръце на него, за да прогледне. След това ще се върна. И пак ще издигна падналата Давидова скиния, и ще съградя наново развалините й, и ще я изправя (Деяния 9:11-12;15-16).

Когато Анания положил ръце на него и се помолил за Саул, внезапно от очите му паднало нещо, подобно на люспи и той прогледнал. След като срещнал Господа, Саул осъзнал греховете си един по един и се прекръстил с името „Павел", което означавало „малък човек." От този момент нататък, Павел смело проповядвал на неевреите живия Бог и евангелието на Исус Христос.

> *„Защото ви известявам, братя, че проповядваното от мене благовестие не е човешко; понеже аз нито от човек съм го приел, нито съм го научил от човек, но чрез откровение от Исус Христос. Защото сте чули за моя предишен живот в духа на юдейството, как прекомерно гоних Божията църква и я разорявах. И напредвах в юдейството повече от мнозина мои връстници между съотечествениците ми, като бях много по-ревностен към преданията от бащите ми. А когато Бог, Който още от утробата на майка ми беше ме отделил и призовал чрез Своята благодат, благоволи да ми открие Сина Си, за да Го проповядвам между езичниците, аз не се допитах още в същия час до плът и кръв, нито отидох в ЙЙерусалим при онези, които бяха апостоли преди мен, а заминах за Арабия и пак се върнах в Дамаск"* (Галатяни 1:11-17).

Дори и след като срещнал Господ Исус Христос и след като проповядвал евангелието, Павел понесъл неописуеми мъки. Често бил в повече трудове, още повече в тъмници, в безброй бичувания, много пъти и на смърт, много пъти в неспане, в глад и жажда, много пъти в неядене, в студ и в голота (2 Коринтяни 11:23-27).

Ние лесно бихме живяли успешен и удобен живот с неговия статус, авторитет, познание и мъдрост, но Павел се отказал от всички тях и отдал на Бога всичко, което имал.

> *„Защото аз съм най-нищожният от апостолите, който не съм достоен и апостол да се нарека, понеже гоних Божията църква. Но с Божията благодат съм, каквото съм; и дадената ми Негова благодат не беше напразна, но се трудих повече от всички тях – не аз обаче, а Божията благодат, която беше с мен"* (1 Коринтяни 15:9-10).

Павел можел да направи това смело признание, защото имал ярко преживяване от срещата си с Исус Христос. Господ не само срещнал Павел по неговия път за Дамаск, но и доказал Своето съществуване чрез представянето на чудеса.

Бог изпълнил изключителни чудеса чрез ръцете на Павел и хората носили кърпички и престилки от тялото му на болните, за да се избавят от болести и от зли духове. Павел съживил едно младо момче от смъртта, наречено Еутихий, което паднало мъртво от третия етаж. Връщането на човек от смъртта не е възможно без Божията сила.

Старият завет разказва за Пророк Илия, който съживил

мъртвия син на вдовицата от Сарепта, както и момчето на известна жена от Шанем. Както пише в Псалми 62:11, *"Едно нещо каза Бог, да! Две неща чух – че силата принадлежи на Бога"* Божията сила е отдадена на хората на Бога.

По време на своите три пътувания, Павел поставил основите за проповядване на евангелието на Исус Христос на всички народи като построил църкви на много места в Азия и в Европа, включително Малазия и Гърция. По този начин открил пътя за проповядване на евангелието на Исус Христос във всички краища на света за спасението на хиляди души.

Петър показва голяма сила и спасява безброй души

Какво можем да кажем за Петър, който канализирал усилията за проповядване на евангелието на евреите? Той бил обикновен рибар преди да срещне Исус, но когато Христос го повикал и станал лично свидетел на чудесата Му, Петър станал един от Неговите най-добри ученици.

Когато Петър свидетелствал, Исус показал такава голяма и велика сила, че никой друг човек не можел да имитира, в това число проглеждането на слепите, прохождането на куците, съживяването на мъртвите. Когато видял добрите дела на Исус, който компенсирал недостатъците и греховете на хората, Петър казал с вяра: "Той наистина идва от Бога."

В Матей 16 можем да видим изповедта му: *"А вие какво*

казвате? Кой съм аз?" (стих 15) „*Ти си Христос, Син на живия Бог*" (стих 16).

Нещо неописуемо се случило на Петър, който направил тази смела изповед. Петър признал на Исус на последната вечеря: „*Дори и всички да се съблазнят поради Теб, аз никога няма да се съблазня*" (Матей 26:33). Но в нощта, когато Исус бил хванат и разпънат, Петър се отрекъл три пъти от Исус, заради страх от смъртта.

Когато Исус възкръснал и се издигнал в небесата, Петър приел Святия дух и чудодейно се променил. Той посветил всеки момент от живота си за проповядване на евангелието на Исус Христос и не се страхувал от смъртта. За един ден, 3000 души се разкаяли и били покръстени, когато той смело свидетелствал за Исус Христос. Дори и пред еврейските водачи, които заплашвали да отнемат живота му, той безстрашно проповядвал за Спасителя и Господа Исус Христос:

> „*А Петър им каза: Покайте се и всеки от вас нека се кръсти в името на Исус Христос за прощение на греховете ви; и ще приемете този дар, Святия Дух. Защото на вас е дадено обещанието и на децата ви, и на всички далечни, колкото Господ, нашият Бог, ще призове при Себе Си*" (Деяния 2:38-39).

„Той е камъкът, който бе пренебрегнат от вас, зидарите, но стана глава на ъгъла. И чрез никой друг няма спасение; защото няма под небето друго име, дадено на човеците, чрез което трябва да се спасим" (Деяния 4:11-12).

Петър представил Божията сила чрез множество знамения и чудеса. В Лидда, Петър излекувал човек, който бил парализиран от осем години, а в Яфо, той съживил Табита, която паднала болна и умряла. Петър карал куците да се изправят и да проходят, лекувал различни болести и прогонвал духове.

Божията сила придружавала Петър до такава степен, че хората даже изнасяли болните по улиците и ги слагали на постелки и на легла, така че когато минавал Петър, поне сянката му да засегнела някого от тях (Деяния 5:15).

В допълнение, Бог разкрил на Петър чрез видения, че евангелието на спасението ще бъде отнесено на неевреите. Един ден, когато Петър се качил на покрива да се моли, той огладнял и пожелал да се нахрани. Докато приготвяли храната, Петър изпаднал в транс и видял небесата да се отварят, от които да слиза някакъв съд, подобен на голямо платнище. В него имало всякакви земни четирикраки, зверове и небесни птици (Деяния 10:9-12).

Тогава Петър чул глас: *„Стани, Петре, заколи и яж!"* (стих 13) *„В никакъв случай, Господи, защото никога не* съм ял нищо мръсно и нечисто" (стих 14). *„Което Бог е очистил, ти не го смятай за мръсно"* (стих 15).

Това се случило три пъти, след което съдът се вдигнал веднага на небето. Петър не можел да разбере защо Бог му заповядал да яде нещо, считано за „нечисто" според закона на Моисей. Докато Петър размишлявал за видението, Светият дух му казал: *„Ето, трима човека те търсят. Стани, слез и иди с тях; и никак не се съмнявай, защото Аз съм ги изпратил"* (Деяния 10:19-20). Изпратените от Корнилий трима човеци, като били разпитвали за Симоновата къща, застанали пред вратата.

Чрез тази визия, Бог разкрил на Петър, че Той искал милосърдието Му да бъде проповядвано дори и сред неевреите и призовал Петър да им проповядва на Господ Исус Христос. Петър толкова бил благодарен на Господ, който го обичал до края и му възложил свещена задача като Негов апостол макар и да се отрекъл от Него три пъти, че не пощадил живота си, за да води безброй души към спасението и получил мъченическа смърт.

Апостол Йоан предсказал последните дни чрез Откровението на Исус Христос

Йоан бил рибар от Галилея, но след като Исус го повикал, той винаги го съпровождал и свидетелствал за Неговите чудеса и знамения. Йоан видял Исус да превръща водата във вино на сватбеното тържество в Ханаанската земя, да изцерява безброй болни хора, включително човек, който боледувал от 38 години, да прогонва зли духове от мнозина и да отваря очите на слепите. Йоан видял също Исус да върви по водата и да съживява Лазар, който бил мъртъв от четири дни.

Йоан последвал Исус, когато Исус бил преобразен (Лицето Му светело като слънцето и дрехите Му били бели като светлината) и разговарял с Моисей и Илия на върха на планината на Преображението. Дори когато Исус издъхвал на кръста, Йоан Го чул да казва на Дева Мария и на него: *„Жено, ето твоя син!"* (Йоан 19:26) *„Ето твоята майка!"* (Йоан 19:27)

С тези последни думи, които изговорил на кръста, в буквален смисъл Исус утешавал Мария, която Го износила и Го родила, но в духовен смисъл, Той обявил на цялото човечество, че всички вярващи са братя, сестри и майки.

Исус никога не говорил за Мария като за Негова „майка." Тъй като Исус – Син на Бога, е всъщност самият Бог, никой не можел да го роди и Той не можел да има майка. Исус казал на Йоан: „Ето твоята майка!", за да й служи Йоан като нейн син. От този час, Йоан прибрал Мария в своя дом и й служил като нейн син.

След възкресението и възнесението на Христос, той ревностно проповядвал евангелието на Исус Христос заедно с други апостоли, въпреки постоянните заплахи на евреите. Чрез тяхното страстно проповядване на евангелието, ранната Църква изпитала изключително съживяване, но в същото време апостолите били подложени непрекъснато на гонения.

Апостол Йоан бил разпитван от Еврейския съвет и по-късно потопен в съд с врящо масло от римския император Домициан. Йоан не изпитал болка с помощта на Божията сила и провидение и императорът го изпратил в изгнание на гръцкия остров Патмос на Средиземно море. Йоан общувал с Бога с молитви и с вдъхновението на Святия дух и ръководен от ангелите, той имал много видения и записал откровението на Исус Христос:

> *„Откровението от Исус Христос, което Му даде Бог, за да покаже на слугите Си онова, което има да стане скоро; а Христос прати и го яви чрез ангела Си на своя слуга Йоан"* (Откровение 1:1).

С вдъхновението на Святия дух, апостол Йоан записал подробно нещата, които ще се случат в последните дни, за да могат всички хора да приемат Христос като Свой Спасител и да се подготвят да Го посрещнат като Цар на Царете и като Бог на Боговете по време на Второто Му Пришествие.

Членовете на ранната църква се придържат към вярата си

Когато възкръсналият Исус се възнесъл на небето, Той обещал на учениците Си, че ще се върне по същия начин, по който Го видяли да се издига на небето.

Безкрайният брой свидетели на възкресението и възнесението на Исус осъзнали, че и те ще могат да възкръснат и вече не се страхували от смъртта. Ето как те живяли като Негови свидетели въпреки заплахите и потисничеството на управляващите света и гоненията, които често стрували живота им. Не само учениците на Христос, които Му служили по време на Неговото духовенство, но и безброй други, които започнали да се молят на лъвовете в Римския Колизеум, били обезглавени, разпънати на кръст и изгорени. Въпреки това, всички те били верни на вярата си в Исус Христос.

С нарастване на гоненията срещу християните, членовете на ранната Църква се криели в Римските катакомби, известни като „подземни гробници." Животът им бил мизерен, сякаш били умрели. Въпреки това, те изпитвали страстна и ревностна любов към Бога и не се страхували от изпитания и страдания.

Преди Християнството да бъде официално признато в Рим, християните били подложени на неописуемо жестоко преследване. Те били лишавани от своето гражданство, Библиите и църквите им били изгаряни, а църковните лидери и служители били арестувани, жестоко измъчвани и екзекутирани.

Поликарп от Смирненската църква в Мала Азия познавал лично апостол Йоан. Поликарп бил всеотдаен епископ. При арестуването му от римските управляващи, той бил изправен пред съда, но не изменил на вярата си.

„Не искам да те обезчестявам. Заповядай онези християни да бъдат убити и ще те освободя. Прокълни Христос!"

„Осемдесет и шест години аз служа на моя Господ Бог и Той никога не ми е сторил зло! Как тогава ще похуля моя Цар, който ме е спасил?"

Опитали се неуспешно да го изгорят на клада и Поликарп Смирненски загинал като мъченик от пробождане. Множество други християни свидетелствали и чули вярата и мъченичеството на Поликарп, започнали да разбират и да вярват още повече в Исус Христос и сами избрали да станат мъченици:

„И каза на събранието: Израелтяни, внимавайте добре какво ще направите на тези човеци. Защото в миналото въстана Тевда и се представяше за голям човек, и към него се присъединиха около четиристотин мъже на брой; той бе убит и всички, които му се подчиниха, се разпиляха и изчезнаха. След него въстана галилеянинът Юда по време на преброяването и отвлече след себе си някои от народа; и той загина и всички, които му се покоряваха, се разпръснаха. И сега ви казвам: отдръпнете *се от тези човеци и ги оставете, защото ако това намерение или това дело е от човеци, ще пропадне; но ако е от Бога, няма да можете да го опропастите. Пазете се да не би да се окажете и противници на Бога"* (Деяния 5:35-39).

Когато известният Гамалиил отправил горната реч на израелтяните, евангелието на Исус Христос, което идвало от самия Бог, не можело да бъде потулено. Накрая, през 313 година, император Константин признал Християнството като официална религия на неговата имерия и евангелието на Исус Христос започнало да се проповядва в целия свят.

Изповедта на Исус, запазена в записките на Пилат

Сред историческите документи от времето на Римската империя, съществува един ръкопис за възкресението на Христос. Този документ е написан и изпратен до императора от Пилат Понтийски, управител на римската провинция Юдея по времето на Исус.

Следва откъс за възкресението на Христос от „Ръкопис на Пилат до императора за задържането, осъждането и разпъването на Исус", съхраняван понастоящем в църквата Света София в Истанбул, Турция:

Няколко дни след като гробницата била намерена празна, неговите ученици известиха в цялата страна, че Исус е възкръснал от мъртвите, както Той беше предсказал. Това предизвика повече оживление и от самото разпъване. Не мога да потвърдя със сигурност истинността на случилото се, но направих някои проучвания по въпроса, така че вие сами може да прецените дали греша, както представя Ирод.

Йосиф погреба Исус в собствената му гробница. Не мога да кажа дали е предвидил възкресението. На другия ден след погребението му, един от свещениците дойде в преторията и каза, че са били загрижени, че учениците му се опитали да откраднат тялото на Исус, да го скрият и да направят да изглежда сякаш е възкръснал от смъртта, както Той бил предсказал. Те били убедени в това.

Казах му да иде при началника на царската охрана (Малкус) и да му каже да събере колкото се може повече еврейски войници и да ги разположи около гробницата; тогава ако нещо се случеше, трябваше да винят себе си, а не римляните.

Когато възникна вълнението около празната гробница, аз бях по-загрижен от всякога. Извиках този човек Ислам, който ми разказа следните обстоятелства. Той видял слаба и красива светлина над гробницата. Първоначално помислил, че според обичая, дошла жената да балсамира тялото на Исус, но не разбирал как са минали покрай охраната. Докато мислил това, видял цялото място да се осветява и изглежда имало множество мъртъвци в техните погребални дрехи.

Всички изглеждали сияещи и ликуващи и се чувала най-прекрасната музика, която бил слушал някога и въздухът бил изпълнен с гласове, възхваляващи Бога. През цялото това време му се струвало, че земята се върти и трепери и той се почувствал толкова изморен и отпаднал, че не можел да стои изправен. Земята сякаш се завъртяла под краката му и загубил съзнание, затова не знаел точно какво се случило.

Както можем да прочетем в Матей 27:51-53, *„И, ето, завесата на храма се раздра на две отгоре додолу, земята се разтресе, скалите се разпукаха, гробовете се развориха и много тела на починали светии бяха възкресени, които, като излязоха от гробовете след Неговото възкресение, влязоха в святия град и се явиха на мнозина."* Римските пазачи разказали същата история.

След като записал разказите на римските войници, които били свидетели на духовния феномен, Пилат отбелязъл в края на документа: „Почти съм готов да кажа: Наистина това е бил Божият Син."

Безброй свидетели на Господ Исус Христос

Не само учениците на Христос, които Му служили през Неговото духовенство, били свидетели на евангелието на Исус Христос. Както е казал Исус в Йоан 14:13: *„И каквото и да поискате в Мое име, ще го направя, за да се прослави Отец в Сина."* Безброй свидетели получили Божии отговори на молитвите си и свидетелствали за живия Бог и за Господ Исус Христос след Неговото възкресение и възнесение на небето.

„Но ще приемете сила, когато дойде върху вас Святият Дух, и ще бъдете свидетели за Мене както в ЙЙерусалим, така и в цяла Юдея и Самария, и до края на земята" (Деяния 1:8).

Аз приех Господ след като бях излекуван чрез Божията сила от всичките ми заболявания, за които медицината беше напълно безпомощна. По-късно бях избран да бъда служител на Господ Исус Христос, за да проповядвам евангелието на всички хора и да представям чудеса и знамения.

Според обещаното в горния стих, много хора станали Божии деца като приели Святия дух и посветили живота си на проповядването на евангелието на Исус Христос със силата на Святия дух. Ето как евангелието било разпространено в целия свят и безброй хора днес се срещат с живия Бог и приемат Исус Христос.

„И Исус им каза: Идете по целия свят и проповядвайте благовестието на всяко създание. Който повярва и се кръсти, ще бъде спасен; а който не повярва, ще бъде осъден. И тези знамения ще придружават повярвалите: в Мое име бесове ще изгонват; нови езици ще говорят; Змии ще хващат; а ако изпият нещо смъртоносно, то никак няма да ги повреди; на болни ще полагат ръце и те ще оздравяват" (Марко 16:15-18).

Църква на Свещената гробница на Голгота, хълмът Голгота в Йерусалим.

Глава 2
Месията, изпратен от Бога

Бог обещал Месията

Израел често загубвал своята независимост и трябвало да страда от нашествията и управлението на персите и римляните. Чрез Своите пророци, Бог дал множество обещания за Месията, който трябвало да пристигне като Цар на Израел. Нямало по-добра надежда за нещастните израелтяни от обещанията на Бога за Месията.

"Защото ни се роди Дете, Син ни се даде; и управлението ще бъде на рамото Му; и името Му ще бъде: Чудесен, Съветник, Бог могъщ, Отец на вечността, Княз на мира. Управлението Му и мирът непрестанно ще се увеличават на Давидовия престол и на неговото царство, за да го утвърди и поддържа чрез правосъдие и правда, отсега и довека. Ревността на Господа на Силите ще извърши това" (Исая 9:6-7).

*"Ето, идват дни, казва Господ, когато ще въздигна на Давид праведен отрасъл, който като цар ще царува, ще благоденства и ще върши правосъдие и правда по земята. В неговите дни

Юда ще бъде спасен и Израел ще обитава в безопасност; и ето името, с което ще се нарича – Господ е наша правда" (Еремия 23:5-6).

"Идващият Цар – Месия Радвай се много, сионова дъще; възклицавай, йЙерусалимска дъще; ето, твоят цар иде при тебе; Той е праведен и спасява, кротък и възседнал на осел. Да! На осле, рожба на ослица. Аз ще изтребя колесница от Ефрем и кон от ЙЙерусалим и ще бъде отсечен бойният лък; Той ще говори мир на народите; и владението Му ще бъде от море до море и от Ефрат до земните краища" (Захария 9:9-10).

Израел не е спрял да очаква Месията до днешен ден. Какво забавя идването на Месията, когото Израел страстно очаква и предвижда? Много евреи търсят отговор на този въпрос, но те не знаят, че Месията вече е дошъл.

Месията Исус е страдал според предсказанията на Исая

Месията, който Бог обещал на Израел и изпратил наистина, е Исус. Исус се родил във Витлеем в Юдея преди около две хиляди години и когато часът настъпил, Исус умрял на кръста, възкръснал и открил за цялото човечество пътя на спасението. Въпреки това, евреите от неговата епоха, не приели Исус като Месията, когото очаквали. Това е защото Исус изглеждал напълно различно от образа на Месията, когото те си представяли.

Евреите били изморени от продължителните периоди на колониално владичество и очаквали могъщ Месия да ги избави от техния политически раздор. Те считали, че Месията ще дойде като Цар на Израел, ще сложи край на всички войни, ще ги освободи от преследване и потисничество, ще им даде истински мир и ще ги възвеличае над всички народи.

Въпреки това, Исус не дошъл на този свят сред царски блясък и величие, а бил роден като син на беден дърводелец. Той не успял дори да освободи Израел от римското потисничество или да възстанови предишната му слава. Той дошъл на този свят да спаси хората, които били обречени на унищожение след греха на Адам и да ги направи деца на Бога.

Поради тези причини, евреите не разпознали Исус като Месията и вместо това Го разпънали. Все пак, ако разгледаме образа на Месията, записан в Библията, ще потвърдим факта, че Месията наистина е Исус.

> *„Защото израсна пред Него като клонка и като корен от суха земя; нямаше благообразие, нито приличие, за да Го гледаме, нито красота, за да Го желаем. Той беше презрян и отхвърлен*

от хората, човек на скърби и навикнал на печал; и както човек, от когото хората отвръщат лице, презрян беше и за нищо не Го счетохме" (Исая 53:2-3).

Бог казал на израелтяните, че Месията, Царят на Израел, няма да има величествен вид или внушителен, впечатляващ облик, а вместо това ще бъде презиран и отхвърлен от хората. При все това, израелтяните не успяли да разпознаят Христос като Месията, когото Бог им обещал.

Той бил пренебрегнат и изоставен от Божиите избраници, израелтяните, но Бог издигнал Исус Христос над всички народи и безчетен брой хора до днешен ден са Го приели за Свой Спасител.

Както е написано в Псалми 118:22-23: *„Камъкът, който отхвърлиха зидарите, стана глава на ъгъла – от Господа е това и е чудно в нашите очи."* Провидението за спасението на човечеството е постигнато от Христос, когото Израел изоставил.

Исус не изглеждал като Месията, когото очаквали израелтяните, но ние можем да видим, че Той е Месията, за когото Бог предсказвал чрез Своите пророци.

Всичко, което Бог ни е обещал чрез Месията, включително слава, мир и възобновяване, принадлежи на духовното царство и Исус, който дошъл на този свят, за да изпълни задачата на Месията, казал: *„Моето царство не* е от този свят; ако царството Ми беше от този свят, служителите Ми щяха да се борят да не бъда предаден на юдеите. Но сега царството Ми не е оттук" (Йоан 18:36).

Месията, за когото предсказвал Бог, не бил цар със земна власт и слава. Месията не дошъл на този свят, за да донесе на Божиите деца богатство, известност и почит през техния кратък живот на земята. Целта му била да спаси Неговите хора от греховете им и да ги поведе към насладата на вечната радост и красота на небето во веки веков.

> „И в онзи ден към Есеевия корен – който ще стои като знаме на племената, – към него ще прибягват племената; и неговото място на покой ще бъде славно" (Исая 11:10).

Обещаният Месия не трябвало да дойде само за Божиите избраници, израелтяните, но също за да изпълни обещанието за спасението на всички, които вярват в Божието предсказание с вяра и следват стъпките на Авраам. С една дума, Месията трябвало да дойде, за да изпълни Божието обещание за избавлението като Спасител на всички нации на земята.

Нуждата от Спасителя за цялото човечество

Защо Месията трябвало да дойде на този свят не само за

спасението на израелтяните, но и на цялото човечество?

В Битие 1:28, Бог благословил Адам и Ева и им казал: *„Плодете се и се размножавайте, напълнете земята и я покорете, бъдете господари над морските риби, над въздушните птици и над всяко живо същество, което се движи по земята."*

След като създал първия човек Адам и го назначил за владетел на всички същества, Бог дал на човека властта да „покорява" и да „има власт" над земята. Когато Адам опитал от плода на дървото на познанието на доброто и злото, което Бог изрично му бил забранил и извършил греха на неподчинението, изкушен от змията, която изпратил Сатаната, Адам повече не можел да се радва на тази власт.

Когато спазвали праведните заръки на Бога, Адам и Ева живяли в правда и се наслаждавали на отдадената им от Бога власт, но след като съгрешили, започнали да робуват на греха и на злото и били принудени да се откажат от управлението (Римляни 6:16). По този начин, цялата власт на Адам, отдадена му от Бога, преминала в ръцете на дявола.

В Лука 4, врагът-дявол изкушил Исус, който тъкмо завършвал третите 40-дневни пости. Дяволът показал на Исус всичките земни царства и Му казал: *„На Тебе ще дам цялата тази власт и слава на тези царства, защото на мен е предадена и аз я давам на когото искам. И така, ако ми се поклониш, всичко ще бъде Твое"* (Лука 4:6-

7). Дяволът намекнал, че „цялата власт и слава" му била „предадена" от Адам и дяволът също можел да я предава на другиго.

Да, Адам загубил цялата своя власт и я предал на дявола и в резултат на това станал роб на злото. От тогава Адам започнал да върши едни грехове след други, контролиран от дявола и се намерил по пътя за смъртта, което е отплатата за съгрешаването. Тя не се отнасяла само за Адам, а за всичките му потомци, които наследили първоначалния грях на Адам. Те също се намирали под властта на греха, управляван от дявола и Сатаната и участта им била смъртта.

Това говори за необходимостта от идването на Месията. Не само Божиите избраници, израелтяните, но и всички хора по света се нуждаели от Месията, който можел да ги избави от контрола на дявола и на Сатаната.

Характеристики на Месията

Така, както има закони на този свят, в духовното царство също има правила и разпоредби. Дали един човек ще умре или ще бъде опростен за греховете си и ще получи спасение, зависи от закона на духовното царство.

Какви качества трябва да притежава човек, за да стане Месия и да спаси цялото човечество от бича на Закона?

Условието, засягащо характеристиките на Месията се намира в закона, който Бог е дал на Неговия избраник. Законът е свързан с откупването на земята.

> „Земята да не се продава завинаги, понеже земята е Моя; защото вие сте пришълци и заселници при Мене. Затова в цялата земя, която притежавате, позволявайте откупуване на земята. Ако осиромашее брат ти и продаде нещо от имота си, нека дойде най-близкият му сродник и да откупи онова, което брат му е продал" (Левит 25:23-25).

Законът за откупването на земята съдържа тайните за качествата на Месията

Божиите избраници, израелтяните, спазвали закона. По време на сделка за покупко-продажба на имот, те стриктно спазвали закона за откупуване на земята, записан в библията. За разлика от закона за земята в други страни, според израелския закон в договора е ясно посочено, че земята не е продадена завинаги, а по-късно може да се изкупи обратно. В договора е предвидено, че един богат родственик може да откупи земята за член на своето семейство, който я е продал. Ако човекът няма достатъчно заможен роднина, за да я изкупи, но е възстановил достатъчно средствата си за нейното откупуване, законът позволява първоначалният собственик на земята да я изкупи сам.

Защо законът за откупуване на земята в Левит е свързан с характеристиките на Месията?

С цел да разберем това по-добре, не трябва да забравяме факта, че човек е направен от земна пръст. В Битие 3:19, Бог казал на Адам: *„С пот на лицето си ще ядеш хляб, докато се върнеш в земята, защото от нея си взет; понеже си пръст и в пръстта ще се върнеш.“* В Битие 3:23 е записано: *„Затова Господ Бог го изпъди от Едемската градина да обработва земята, от която беше взет.“*

Бог казал на Адам: *„Понеже си пръст“* и *„пръст“* в духовен смисъл означава, че човек е направен от земна пръст.

Ето защо, законът за изкупуване на земята, засягащ покупко-продажбата на земя е пряко свързан със закона на духовното царство за спасението на човечеството.

Съгласно закона за изкупуване на земята, Бог притежава цялата земя и никой човек не може да я продава завинаги. В същия смисъл, цялата власт, отдадена на Адам от Бога, първоначално била на Бог и никой не можел да я продава завинаги. Ако един човек обеднявал и продавал земята си, тя можела да се изкупи при появата на подходяща личност. По същия начин, дяволът трябвало да върне властта, отдадена му от Адам при появата на индивид, който можел да я изкупи.

Въз основа на закона за изкупуване на земята, Богът на любовта и правосъдието подготвил един индивид, който да възстанови цялата власт, отдадена от Адам на дявола. Този човек е Месията и Месията е Исус Христос, който бил подготвен, откакто свят светува и изпратен от Самия Бог.

Характеристики на Спасителя и тяхното въплъщение в Исус Христос

Нека разгледаме защо Исус е Месията и Спасителят на цялото човечество въз основа на закона за изкупуване на земята.

Първо – така, както изкупвачът на земята трябва да бъде заможен, Спасителят също трябва да бъде човек, който да изкупи греховете от хората, защото всички хора станали грешници чрез греха на първия човек, Адам. Левит 25:25 казал: *„Ако осиромашее брат ти и продаде нещо от имота си, нека дойде най-близкият му сродник и да откупи онова, което брат му е продал."* Ако един човек не бил в състояние повече да запази земята си и трябвало да я продаде, неговият най-близък заможен роднина можел да я изкупи обратно. В същия смисъл, първият човек Адам съгрешил и трябвало да предаде на дявола властта, отдадена му от Бога, чието изкупуване можело и трябвало да бъде извършено от човек – „най-близкият родственик" на Адам.

Както четем в 1 Коринтяни 15:21: *„Понеже както чрез човека дойде смъртта, така чрез човека дойде възкресението на мъртвите"*, в Библията се потвърждава, че изкуплението на грешниците може да се постигне не чрез ангели или чудовища, а чрез човека. Заради първия човек Адам, хората предприели пътя към смъртта и някой друг трябвало да ги изкупи за греховете им. Това можело да го направи само близък родственик, „най-близкият родственик" на Адам.

Въпреки че Исус притежавал, както човешка, така и божествена природа като Божи Син, Той бил роден от човек, за да изкупи човечеството от греховете (Йоан 1:14) и израстнал. Като човешко същество, Исус спял, изпитвал глад и жажда, радост и мъка. Когато Го разпъвали на кръста,

Христос кървял и изпитвал болка.

Дори и в исторически контекст, има неопровержимо доказателство за това, че Исус е дошъл на този свят като човешко същество. С раждането на Исус като критерий за времеотнасяне, историята на света е разделена на две: „Преди Христа" и „След Христа". „Преди Христа" се отнася за ерата преди раждането на Исус, а „След Христа" или „Anno Domini" („В Годината на Нашия Господ") се отнася за епохата след раждането на Христос. Този факт потвърждава, че Исус е дошъл на този свят като човек. По този начин, Христос притежава първата характеристика на Спасителя, защото Той идва на този свят като човек.

Второ – така, както купувачът на земята не можел да я изкупи ако бил беден, един потомък на Адам не може да изкупи човечеството от греховете, защото Адам съгрешил и всички негови потомци са наследили първоначалния грях. Човекът, предназначен да спаси човечеството, не трябвало да бъде потомък на Адам.

Ако братът иска да изкупи обратно дълга на сестра си, той самият не трябва да има дългове. По същия начин, човекът, който иска да освободи другите от греховете им, не трябва да е съгрешил. Ако избавителят е грешник, той е роб на греха. Как може тогава да спаси другите от греховете им?

След като Адам извършил греха на неподчнението, всички негови потомци били родени с първоначалния грях. Ето защо, никой потомък на Адам не може да бъде Спасителят.

Във физическия смисъл на думата, Исус е потомък на Давид и Неговите родители са Йосиф и Мария. Въпреки това, в Матей 1:20 пише: *„Но когато намисли това, ето, ангел от Господа му се яви насън и каза: Йосифе, сине Давидов, не бой се да вземеш жена си Мария; защото заченатото в нея е от Святия Дух."*

Причината, поради която всеки човек е роден с първоначалния грях, е че той наследява родителската греховна природа чрез бащинското семе и майчината яйцеклетка. Въпреки това, Исус не е заченат от семето на Йосиф и яйцеклетката на Мария, а чрез силата на Святия дух. Така е, защото тя е забременяла преди да спят заедно. Всемогъщият Бог може да направи така, че едно дете да бъде заченато чрез силата на Святия дух без обединяването на семето с яйцеклетка.

Исус просто „заел" тялото на Дева Мария. Тъй като бил заченат чрез силата на Святия дух, Исус не наследил природата на грешниците. Тъй като Исус не е потомък на Адам и не притежава първоначалния грях, Той притежава също и втората характеристика на Спасителя.

Трето, така, както купувачът на земята трябва да бъде достатъчно заможен, за да я изкупи, Спасителят на цялото човечество трябва да притежава силата, за да победи дявола и да спаси хората от злото.

Левит 25:26-27 ни казва: *„Но ако човекът няма сродник да го откупи и като се замогне, сам да намери с какво да го откупи, тогава нека сметне годините от продажбата му и нека върне излишъка на онзи, на когото го е продал, и нека получи имота си обратно."* С други думи, за да може един човек да изкупи обратно земята, той трябва да притежава „средствата" за това.

Спасяването на военнопленници означава, че едната страна притежава силата да победи врага и изплащането на задълженията от другата страна означава хората да имат финансови средства. По същия начин, спасяването на всички хора от владението на дявола означава Спасителят да притежава силата, за да победи дявола и да ги спаси от злото.

Преди да съгреши, Адам притежавал могъществото да властва над всички твари, но след греха, той станал субект на властта на дявола. От този пример можем да видим, че силата да се победи злото идва от праведните.

Божият Син Христос бил напълно безгрешен. Тъй като Исус бил заченат от Святия дух и не бил потомък на Адам, Той не притежавал първоначалния грях. Освен това, тъй като през целия Си живот спазвал Божия закон, Христос нямал извършени грехове. Поради тази причина, апостол Петър казал, че Исус: *„Който грях не е сторил, нито се е намерило лукавство в устата Му; Който, когато Го хулеха, с хула не отвръщаше; когато страдаше, не заплашваше; а предаваше делото Си на Този, Който съди* *справедливо"* (1 Петрово 2:22-23).

Исус нямал никакъв грях и притежавал силата и властта да победи дявола и да спаси хората от злото. Неговите безброй проявления на велики знамения и чудеса потвърждават това. Христос изцерявал болни хора, прогонвал демони, карал слепите да проглежнат, глухите да чуят и куците да проходят. Исус дори успокоил бушуващото море и съживил мъртвите.

Фактът, че Исус нямал грехове, бил потвърден без съмнение чрез Неговото възкресение. Според закона на духовното царство, грешниците ги очаква смърт (Римляни 6:23). Въпреки това, тъй като Той бил безгрешен, Исус не бил подложен на силата на смъртта. Той издъхнал на кръста и тялото Му било погребано в гробницата, но възкръснал на третия ден.

Не забравяйте, че такива велики родоначалници на вярата като Енох и Илия били възнесени на небето живи без да срещат смъртта, защото били праведни и изчистени от грехове. По същия начин, на третия ден след Неговото погребение, Исус подронил властта на дявола и на Сатаната чрез Своето възкресение и станал Спасителят на човечеството.

Четвърто – така, както купувачът на земята трябва да обича, за да изкупи земята за своя близък, Спасителят на човечеството трябва също да притежава любов, за да пожертва Своя живот за другите.

Дори и Спасителят да притежаваше първите три характеристики, ако не изпитваше любов, нямаше да стане Спасителят на човечеството. Представете си, че братът има дълг от 100000 долара и сестра му е мулти милионерка. Без да изпитва обич, сестрата няма да изплати дълга на брат си и нейното огромно богатство няма да означава нищо за него.

Исус дошъл на този свят като човешко същество, не бил потомък на Адам и притежавал силата да победи дявола и да спаси човечеството от злото, защото бил безгрешен. При все това, ако не изпитвал любов, Исус нямаше да може да спаси хората от техните грехове. „Изкупуплението от страна на Исус на греховете на хората" означава Той да получи смъртното наказание вместо тях. За да може да изкупи хората от греховете им, Той трябвало да бъде разпънат на кръст като най-големият грешник на земята, да страда от всякакъв вид подигравки и презрение и да пролее всичките си жизнени сокове и кръв докато умре. Въпреки това, любовта Му към човечеството била толкова страстна и толкова силно искал да спаси хората от греховете им, че не бил загрижен за наказанието на кръста.

Защо Исус трябвало да бъде разпънат на дървен кръст и да пролее кръвта Си до смърт? Както ни казва Второзаконие 21:23: *„Защото обесеният е проклет от Бога"* и според закона на духовното царство, гласящ: „Отплатата на греха е смърт", Исус е разпънат, за да изкупи човечеството от проклятието на греха, с който е обвързано.

По-нататък, в Левит 17:11 пише: *„Защото животът*

на тялото е в кръвта, която Аз ви дадох, за да правите умилостивение на жертвеника за душите си; защото кръвта е, която по силата на живота, който е в нея, прави умилостивение", няма прошка за греховете без проливането на кръв.

Разбира се, Левит ни казва, че можем да предложим брашно на Бога вместо кръв от животни. Тази мярка била за онези, които не можели да си позволят да принесат в жертва животни. Това не било кръвното жертвоприношение, което се правело на Бога. Исус ни изкупил от греховете чрез разпъването Му на дървен кръст, на който кръвта Му изтичала докато умре.

Колко прекрасна е любовта на Христос, който пролял кръвта Си на кръста и открил пътя на спасението за онези, които Му се подигравали и Го разпънали, въпреки че изцерявал хората от всякакви болести, освобождавал ги от оковите на порочността и вършел само добро?

На основата на закона за изкупуване на земята заключаваме, че само Исус притежава качествата на Спасителя, който може да освободи хората от греховете им.

Пътят на Спасението за човечеството, подготвен преди вековете

Пътят на спасението за човечеството се открил, когато Исус издъхнал на кръста и възкръснал на третия ден от погребението Му, покорявайки властта на смъртта. Идването на Христос на този свят, за да изпълни провидението за спасението на човечеството е предсказано в момента на съгрешаването на Адам.

В Битие 3:15, Бог казал на змията, която изкушила жената: *„Ще поставя и вражда между теб и жената и между твоето потомство и нейното потомство; то ще ти нарани главата, а ти ще му нараниш петата."* Тук „жената" в духовен смисъл символизира Божия избраник Израел, а „змията" означава врага дявол и Сатаната, който се опълчвал на Бога. Когато потомството на „жената" ще „нарани главата" – това означава, че Спасителят на човечеството ще дойде сред израелтяните и ще надвие силата на смъртта на врага-дявол.

Змията става безсилна, когато й наранят главата. В този смисъл, когато Бог казал на змията, че потомството на жената ще нарани змията по главата, Той предсказал, че Спасителят на човечеството ще се роди в Израел, ще унищожи властта на дявола и на Сатаната и ще спаси грешниците, които са им робували.

Тъй като разбрал това, дяволът искал да убие потомството на жената преди Той да нарани главата му. Ето защо, дяволът вярвал, че можел завинаги да се радва на властта, отдадена му от непокорния Адам, само когато убиел потомците на жената. Въпреки това, врагът дявол не знаел кои ще бъдат наследниците на жената и започнал да крои планове да убие преданите и обични пророци на Бога още от времената на

Стария завет.

По времето, когато Моисей бил роден, врагът дявол подстрекал египетския фараон да убие всички синове на израелските майки (Изход 1:15-22), а когато Исус дошъл на земята от плът и кръв, той разтревожил сърцето на цар Херод и го накарал да убие всички мъжки чеда във Витлеем и околностите, които още не били навършили две години. Бог се грижил за семейството на Христос и им помогнал да избягат в Египет.

По-нататък Исус израснал под грижите на Самия Бог и започнал Своето духовенство на 30-годишна възраст. Според Божията воля, Исус преминал през цялата Галилея, преподавал в синагогите и лекувал хората от всякакви болести, съживявал мъртвите и проповядвал на бедните евангелието на небесното царство.

Дяволът подстрекал главните свещеници, писарите и фарисеите и започнал да крои планове да убие Исус чрез тях, но злите сили не могли да докоснат Христос преди Бог да го реши. Едва към края на три-годишното духовенство на Исус, Бог им позволил да Го арестуват и да Го разпънат на кръст, за да изпълни провидението за спасението на човечеството чрез смъртта му.

Отстъпвайки на натиска на евреите, римският губернатор Пилат Понтийски присъдил да разпънат Христос. Римските войници положили на главата Му венец от тръни и приковали с гвоздеи за кръста ръцете и краката Му.

Разпъването на кръст представлявал един от най-жестоките методи за екзекутирането на престъпниците. Колко ли се е радвал дяволът, когато постигнал това жестоко наказание за Исус! Той очаквал, че никой и нищо повече не можело да му попречи да управлява света и радостно пеел и танцувал. В това се състояло Божието провидение:

> *„А поучаваме Божията тайнствена премъдрост, която е била скрита, която е била предопределена от Бога преди вековете да ни докарва слава. Никой от властниците на този век не я е познал; защото, ако я бяха познали, не биха разпънали Господа на славата"* (1 Коринтяни 2:7-8).

Тъй като Бог е справедлив, Той не упражнява абсолютна власт в нарушение на закона, а върши всичко според закона на духовното царство. По този начин, Той постлал пътя за спасението на човечеството преди вековете съгласно закона на Бога.

Според закона на духовното царство, гласящ: *„Заплатата на греха е смърт"* (Римляни 6:23) – ако един човек не съгрешава, той не може да умре. Въпреки това, дяволът разпънал на кръст безгрешния, непорочния и неопетнен Исус. Дяволът тогава е нарушил закона на духовното царство и трябвало да заплати за това чрез предаване на властта му, която Адам му отдал след като извършил греха на неподчинението. С други думи, дяволът бил принуден да се откаже от своята власт над хората, които приемат Исус като свой Спасител и вярват в името Му.

Ако врагът-дявол знаеше тази мъдрост на Бога, той нямаше да позволи разпъването на Исус. Тъй като нямал представа за тази тайна, той предизвикал убийството на Исус, вярвайки, че по този начин осигурявал завинаги своята власт над света. В действителност дяволът попаднал в собствения си капан и нарушил закона на духовното царство. Колко удивителна е Божията мъдрост!

Истината е, че врагът-дявол станал инструмент за изпълнението на Божието провидение за спасението на човечеството и както било предсказано в Битие, главата му била „наранена" от потомството на жената.

Чрез Божието провидение и мъдрост, безгрешният Исус умрял, за да спаси всички хора от техните грехове и чрез възкресението Му на третия ден, Той надвил властта на смъртта на врага-дявол и станал Цар на царете и Бог на боговете. Той отворил вратата към спасението, за да бъдем оправдани с вярата ни в Исус Христос.

Безчетен брой хора в историята на човечеството са спасени с вярата си в Исус Христос и още повече хора днес приемат Господ Исус Христос.

Приемането на Святия дух чрез вярата в Исус Христос

Защо получаваме спасение, когато вярваме в Исус

Христос? Когато приемем Исус Христос като наш Спасител, ние приемаме Святия дух от Бога. Когато приемаме Святия дух, ние съживяваме нашия мъртъв дух. Тъй като Святият дух е силата и сърцето на Бога, Святият дух повежда Божиите деца към истината и им помага да живеят според Божията воля.

Ето защо онези, които истински вярват в Исус Христос като техен Спасител, ще следват желанията на Святия дух и ще се стремят да живеят праведно. Те ще се освободят от омразата, от лошото настроение, от завистта, ревността, критиките, осъждането на другите и изневярата и вместо това ще живеят с истината и добротата, ще разбират, ще служат и ще обичат другите.

Както беше споменато по-нагоре, когато първият човек Адам съгрешил като опитал от плода на дървото на познанието на доброто и злото, духът в човека умрял и хората поели пътя на унищожението. Когато приемем Святия дух, нашите мъртви духове се съживяват и ако спазваме желанията на Святия дух и живеем праведно, ние постепенно ставаме хора на истината и възстановяваме загубения образ на Бога.

Когато живеем праведно според Божието слово, вярата ни ще бъде призната за „истинска вяра." Греховете ни ще бъдат простени чрез кръвта на Исус и ще получим спасение според делата ни. Поради тази причина, в 1 Йоаново 1:7 пише: *„Но ако ходим в светлината, както е Той в* *светлината, имаме общение един с друг и кръвта на Сина Му Исус Христос ни очиства от всеки грях."*

Ето как ще получим спасение с вярата след опрощение на греховете ни. Въпреки това, ако ние съгрешаваме макар и да вярваме, нашата вяра не е истинска и кръвта на Исус Христос не може да ни очисти от греховете, следователно спасението ни не е сигурно.

Разбира се, съвсем различно е за хората, които сега приемат Исус Христос. Макар и все още да не живеят праведно, Бог ще надникне в сърцата им, ще повярва в промяната им и ще ги поведе към спасението, когато се стремят да достигнат истината.

Христос изпълнява Пророчествата

Бог предсказал раждането на Исус чрез пророк Исая. Когато настъпил часът, избран от Господ, силата на Всевишния Бог осенила девица Мария от Назарет в Галилея и тя скоро забременяла.

*"Затова сам Господ ще ви даде знамение:
Ето, девица ще зачене и ще роди син,
и ще го нарече Емануил"* (Исая 7:14).

Точно, както Бог обещал на израелтяните: „И царството Му няма да има край." Той направил така, че Месията да се роди от утробата на девица, наречена Мария, която трябвало да се омъжи за Йосиф, потомък на Давид. Тъй като потомците на Адам, родени с първоначалния грях, не можели да изкупят човечеството от греховете им, Бог изпълнил пророчеството чрез раждането на Христос от дева Мария, преди да се омъжи за Йосиф.

"Бъдещият Месия и Неговото царство А ти, Витлеем Ефратов, макар и да си малък, за да бъдеш между Юдовите родове, от тебе ще излезе

за Мен Един, Който ще бъде владетел в Израел, Чийто произход е от начало, от вечността" (Михей 5:2).

В Библията е предсказано, че Христос ще се роди във Витлеем. Наистина, Исус е роден във Витлеем в Юдея по време на управлението на цар Ирод (Матей 2:1) и историята свидетелства за това.

Когато Исус се родил, цар Ирод почувствал застрашена властта си и се опитал да Го убие. Тъй като не бил в състояние да намери бебето, цар Ирод убил всички мъжки чеда до две годишна възраст. Ето защо Витлеем и околностите били изпълнени с плач и ридание.

Исус не идва на този свят като истински цар на евреите. Защо тогава цар Ирод жертва толкова много деца, за да убие едно бебе? Тази трагедия бил възможна с подкрепата на врага-дявол, който искал да убие Месията от страх да не загуби владението си над света. Той подтикнал цар Ирод, който се притеснявал да не загуби короната си и му позволил да извърши подобна жестокост.

Христос свидетелствал за живия Бог

Преди началото на Неговото духовенство, Христос свято спазвал Закона през целия Си 30-годишен живот. Когато съзрял достатъчно, за да стане свещеник, Той станал духовник, за да се превърне в Месия, както било предвидено преди вековете.

„*Благата вест за спасение чрез Месия Духът на Господа Йехова е на мене; защото Господ ме е помазал да благовествам на кротките, пратил ме е да превържа съкрушените сърца, да прогласа освобождение на пленниците и отваряне затвора на вързаните; да прогласа годината на благоволението Господне и деня на отплатата от нашия Бог; да утеша всички наскърбени; да наредя за наскърбените в Сион, да им дам венец вместо пепел, миро на радост вместо плач, облекло на хваление вместо унил дух; за да се наричат дървета на правда, насадени от Господа, за да се прослави Той*" (Исая 61:1-3).

Както виждаме от горепосоченото пророчество, Исус разрешавал всички проблеми с Божията сила и утешавал хората с разбити сърца. Когато настъпил Божият час, Исус отишъл в Йерусалим, за да изживее Христовите мъки.

„*Идващият Цар – Месия Радвай се много, сионова дъще; възклицавай, йЙерусалимска дъще; ето, твоят цар иде при тебе; Той е праведен и спасява, кротък и възседнал на осел. Да! На осле, рожба на ослица*" (Захария 9:9).

Според пророчеството на Захария, Исус влязъл в град Йерусалим, възседнал на осел. Тълпите крещяли: *„Осанна на Давидовия Син! Благословен, Който иде в Господнето име! Осанна във висините!"* (Матей 21:9) и в града царувало въодушевление. Хората ликували по този начин, защото Исус показал чудеса и знамения като вървял по водата и съживявал мъртвите. Въпреки това, скоро щяли да Го предадат и да Го разпънат на кръст.

Когато видяли големите тълпи, които Го следвали, за да чуят словото Му и да видят свидетелствата за Божията сила, свещениците, фарисеите и писарите почувствали застрашени позициите си в обществото. Водени от омразата си към Исус, те съставили план за убийството Му. Разпространили всякакви лъжесвидетелства срещу Исус и Го обвинили в измама и в подстрекателство. Христос представил прекрасни чудеса с Божията сила, които не биха се случили ако Сам Бог не бил с Него, но се опитали да Го отстранят.

В крайна сметка, един от учениците Му Го издал и бил заплатен от свещениците с тридесет сребърника за това, че им помогнал да задържат Исус. Пророчеството на Захария за тридесет сребърника като надница било изпълнено: *„Аз взех тридесетте сребърника и ги хвърлих в Господния дом на грънчаря"* (Захария 11:12-13).

По-късно човекът, който предал Исус за тридесет сребърника не можел да преодолее чувството за вина и захвърлил парите в храма, но свещеникът похарчил сумата, за да закупи „нивата на грънчаря" (Матей 27:3-10).

Мъки Христови и смъртта на Исус

Както предсказал пророк Исая, Исус изстрадал мъки Христови, за да спаси всички хора. Исус дошъл на този свят, за да изпълни провидението за изкуплението на човечеството от греха и бил разпънат и загинал на дървен кръст – символ на проклятието, принесен в жертва на Бога в името на човечеството.

„Той наистина понесе печалта ни и със скърбите ни се натовари; а ние Го счетохме за ударен, поразен от Бога и наскърбен. Но Той беше наранен поради нашите престъпления, беше бит поради нашите беззакония; върху Него дойде наказанието, донасящо нашия мир, и с Неговите рани ние се изцелихме. Всички ние се заблудихме като овце, отбихме се всеки в своя път; и Господ възложи на Него беззаконието на всички ни. Той беше угнетяван, но смири Себе Си и не отвори устата Си; както агне, водено на клане, и както овца, която не издава глас пред стригачите си, така Той не отвори устата Си. Чрез угнетителен съд беше грабнат; а кой от Неговия род разсъждаваше, че беше изтръгнат отсред земята на живите поради престъплението на Моя народ, върху който трябваше да падне ударът? И определиха гроба Му между злодеите,

но след смъртта Му – при богатия; защото не беше извършил неправда, нито имаше измама в устата Му. Но Господ благоволи Той да бъде бит, предаде Го на печал; когато направиш душата Му принос за грях, ще види потомството, ще продължи дните Си и това, в което Господ благоволи, ще успее в ръката Му" (Исая 53:4-10).

Всеки път, когато съгрешавали против Бога, хората през епохата на Стария завет Му принасяли животинска кръв. Пролятата от Исус кръв била чиста и не съдържала нито първоначален, нито последващ извършен от Него грях и *„принесъл една жертва за греховете завинаги"*, за да може всички хора да бъдат опростени за греховете си и да получат вечен живот (Евреи 10:11-12). По този начин, Той прокарал пътя за опрощението на греховете и за спасението чрез вярата в Исус Христос и вече не е нужно да принасяме в жертва животинска кръв.

Когато Исус издъхнал на кръста, завесата на храма се раздрала на две отгоре додолу, земята се разтресла, скалите се разпукали (Матей 27:51). Завесата на храма разделяла Светая Светих от Свещеното място и обикновените хора нямали достъп до там. Само първосвещениците имали право да влизат в Светая Светих един път в годината.

Фактът, че „завесата се раздрала на две отгоре додолу" символизира, че когато пожертва Себе Си като изкупителна жертва, Исус разрушава стената на греха между Бога и нас.

По времето на Стария завет, първосвещениците трябвало да вършат жертвоприношения за Бога за изкуплението на израелтяните от греха им и се молили на Господ от тяхно име. Сега, когато стената на греха между нас и Бога не съществува, ние сами можем да общуваме с Господ. С други думи – всеки, който вярва в Исус Христос може да влезе в светата обител на Бога, да го възвеличава и да се моли за Него в нея.

„Затова ще Му определя дял между великите и Той ще раздели плячка със силните, защото изложи душата Си на смърт и към престъпници беше причислен, и защото взе на Себе Си греховете на мнозина и ходатайства за престъпниците" (Исая 53:12).

Така, както пророк Исая е записал за мъките Христови и за разпъването на Месията, Исус умрял на кръста заради греховете на всички хора, но бил причислен към грешниците. Дори и когато умирал на кръста, Той молил Бога да прости на онези, които Го разпънали:

„Отче, прости им, защото не знаят какво правят" (Лука 23:34).

Когато умрял на кръста се сбъднало предсказанието на псалмописеца: *„Той пази всичките му кости, нито една от тях не се строшава"* (Псалми 34:20). Можем да прочетем за това в Йоан 19:32-33, *„Затова войниците дойдоха и пречупиха пищялите на единия и на другия, които бяха разпънати с Исус. Но когато дойдоха при Исус и Го видяха вече умрял, не Му пречупиха пищялите."*

Христос провел Своето духовенство, за да стане Месия

Исус понесъл греховете на хората на Своя кръст и умрял за тях в жертвоприношение, но изпълнението на провидението за спасение не било чрез смъртта Му.

Както е предсказано в Псалми 16:10: *„Защото няма да оставиш душата ми в преизподнята; нито ще допуснеш човека, в когото си благоволил, да види изтление"* и в Псалми 118:17: *„Аз няма да умра, а ще живея и ще разказвам за делата Господни"*, тялото не Исус не изтляло и Той възкръснал на третия ден.

Както по-нататък е предсказано в Псалми 68:18: *„Възлязъл си нависоко; пленил си пленници; взел си в дар хора, даже и непокорните, за да обитаваш като Господ Йехова"*, Исус възлязъл нависоко и очаква последните дни, за да завърши развитието на човечеството и да поведе хората Си към небето.

Видимо е, че всичко, предсказано от Бог за Месията от пророците Му е изцяло постигнато чрез Исус Христос.

Смъртта на Христос и предсказанията за Израел

Божият избраник – народът на Израел не успял да разпознае Исус като Месията. Въпреки това, Бог не е изоставил своите избраници и днес изпълнява провидението Си за спасението на Израел.

Христос бил разпънат на кръста и Бог предсказал бъдещето на Израел заради страстната Си любов към израелтяните и желанието Му да повярват в Месията, когото изпратил, за да бъдат спасени.

Страданието за Израел, който разпънал Христос

Римският император Пилат Понтийски присъдил Христос да бъде разпънат на кръста, но евреите са тези, които го убедили да вземе това решение. Пилат знаел, че нямал основание да убива Исус, но бил притиснат от тълпата, която въстанала с викове.

Когато произнесъл решението за разпъването на Исус, Пилат измил ръцете си с вода пред тълпата и казал: *„Аз съм невинен за кръвта на Този праведник; вие му мислете"* (Матей 27:24). В отговор, евреите извикали: *„Кръвта Му да* *бъде върху нас и върху децата ни!"* (Матей 27:25)

През 70-та година след Христа, Йерусалим попаднал под владичеството на римския император Тит. Храмът бил разрушен и оцелелите били принудени да напуснат земята си. Те се разпръснали по света. Така започнала Диаспората и тя продължила почти 2000 години. През периода на Диаспората, израелтяните претърпели неописуеми страдания.

При завземането на Йерусалим били убити около 1.1 милиона евреи, а през Втората Световна Война почти шест милиона евреи били екзекутирани от нацистите. Преди да ги убият, нацистите ги събличали голи като Исус Христос, който бил разпънат на кръста гол.

Израелтяните може да не са съгласни, че страданието им е било в резултат от разпъването на Христос. Въпреки това, ако се върнем назад в историята на Израел, лесно можем да видим, че Израел и хората му са били защитени от Бога и са просперирали, когато са спазвали волята Му. Когато се отдръпнали от Божията воля, израелтяните били наказани и подложени на изпитания и неволи.

Ето защо страданията на израелтяните не били без причина. Ако разпъването на Исус било правилно в очите на Бога, защо Бог изоставил дълго време Израел в непрестанно и тежко страдание?

Дрехите на Исус, Неговата туника и бъдещето на Израел

Друг инцидент, който предвещавал за нещастията на Израел, се случил при разпъването на Исус. Както четем в Псалми 22:18, *„Разделиха си дрехите ми и за облеклото ми хвърлиха жребий."* Римските войници взели дехите на Исус и ги разделили на четири – по една за всеки войник, а за туниката Му хвърлили жребий и един от войниците я спечелил.

Какво значение има това събитие за бъдещето на Израел? Тъй като Исус е цар на евреите, Неговите дрехи в духовен смисъл символизират Божия избраник, Израел и израелтяните. Когато дрехите на Исус били разделени на четири части и формата им изчезнала, това означавало унищожението на държавата Израел. Въпреки това, тъй като платът на дрехите се запазил, събитието също предвещавало, че дори и израелската държава да изчезнела, щяло да остане името „Израел."

Какво е значението на факта, че римските войници взели дрехите на Исус и ги разделили на четири части – по една за всеки войник? Това означавало, че израелтяните щели да бъдат победени от Рим и разпръснати по света. Това пророчество било изпълнено също с падането на Йерусалим и унищожението на държавата Израел, което принудило евреите да се разпръснат в различни краища по света.

За туниката на Исус, Йоан 19:23 пише: *„А долната дреха не беше шита, а изтъкана цяла от горе до долу."* Фактът, че туниката не била „шита" означава, че не са били зашивани няколко парчета плат за създаването на туниката.

Повечето хора не се замислят особено как са ушите дрехите им. Защо в Библията е описана подробно структурата на Христовата туника? Тук се съдържа пророчеството за събитията, които щели да сполетят израелтяните.

Туниката на Исус символизира сърцето на израелтяните, с което служат на Бога. Фактът, че туниката не била шита, а изтъкана цяла от горе до долу означава, че сърцата на израелтяните са устоили от праотеца им Яков и не са се разколебали при никакви обстоятелства.

Чрез дванадесетте племена след времето на Авраам, Исаак и Яков, те формирали нация и израелтяните пазели чиста кръвта си като не сключвали брак с неевреите. След разделението им на Северен Израел и Юдея на юг, хората от северното царство сключвали смесени бракове, но Юдея останала хомогенна нация. Дори и в днешно време, евреите пазят своята идентичност, която датира от праотците им в миналото.

Ето защо, макар и дрехите на Исус да били разкъсани на четири части, туниката Му останала непокътната. Това означава, че макар и държавата Израел да изчезне физически, сърцата на израелтяните, посветени на Бога и вярата им в Него не ще угасне.

Тъй като имат такива непоколебими сърца, Бог ги избрал за Свои избраници и чрез тях изпълнявал плана и волята си до днешен ден. Дори и след края на хилядолетието, израелтяните стриктно спазват Закона. Това е защото те са наследили непоколебимото сърце на Яков.

В резултат на това, почти 1900 години след като загубили държавата си, хората на Израел изненадали света като обявили своята независимост и възстановили държавата си на 14 май, 1948 година.

> *„Защото ще ви взема от народите и ще ви събера от всички страни, и ще ви доведа в земята ви"* (Езекил 36:24).

> *„Ще живеете в земята, която дадох на бащите ви; и вие ще Ми бъдете народ и Аз ще бъда ваш Бог"* (Езекил 36:28).

Както вече е предсказано в Стария завет: *„След много дни ще бъдеш наказан; в следващите години"*, хората на Израел започнали да приижадат към Палестина и установили отново държавата си (Езекил 38:8). Нещо повече, чрез своето развитие като една от най-мощните държави в света, Израел още веднъж потвърдил на света своята сила като нация.

Бог желае Израел да се подготви за завръщането на Исус

Бог желае възстановеният Израел да се подготви за Пришествието на Месията. Исус дошъл на земята на израелтяните преди около 2000 години, изпълнил изцяло провидението за спасението на човечеството и станал техен Спасител и Месия. Когато се възнесъл на небето, Той обещал да се върне и сега Бог иска Неговите избраници да чакат завръщането на Месията с истинска вяра.

Когато Месията Исус Христос дойде отново, Той няма да язди дрипав кон или ще трябва да понесе отново наказанието на кръста, както преди две хилядолетия. Вместо това, Той ще се появи начело на небесни създания и ангели и ще се върне на този свят като Цар на Царете и Бог на Боговете в слава на Бога, за да Го види целият свят.

„*Ето, иде с облаците; и ще Го види всяко око, и онези, които го прободоха; и всички земни племена ще заридаят за Него. Така е. Амин*" (Откровение 1:7).

Когато настъпи съдбовния час, всички хора – вярващи или не, ще видят завръщането Му във въздуха. На този ден, всички онези, които вярват в Христос като Спасител на човечеството, ще бъдат възнесени в облаците и ще участват в Сватбеното тържество във въздуха, а останалите ще бъдат изоставени, за да скърбят.

Тъй като Бог създал първия човек Адам и започнал развитието на човечеството, със сигурност има край на това. Така, както фермерът посява семената и жъне реколтата, ще има време за жътва на развитието на хората. Развитието на хората от страна на Бога ще бъде изпълнено с Второто Пришествие на Месията – Исус Христос.

Исус ни казва в Откровение 22:7: *„И, ето, ида скоро. Блажен, който пази думите на написаното в тази книга пророчество"* Нашето време свършва. В Своята безкрайна любов към Израел, Бог продължава да просвещава хората Си чрез историята им, за да приемат Месията. Бог искрено желае не само Неговият избраник Израел, но всички хора да приемат Исус Христос преди края на развитието на човечеството.

Еврейската Библия, известна на Християните като Старият Завет

Глава 3

Бог, в който вярват израелтяните

Законът и Традицията

Докато Бог ръководил Своите избраници, Израелтяните извън Египет към обещаната земя на Кана, Той се спуснал от върха на Синайската планина. Тогава Господ Бог повикал при Себе Си Моисей, водачът на излизането на евреите от Египет и му казал, че свещениците трябвало да бъдат ръкоположени, когато наближат Бога. В допълнение, Бог заповядал на хората Десетте заповеди и много други закони чрез Моисей.

Когато Моисей официално представил цялото слово на Йехова-Бог и заповедите за хората, те всички отговорили с един глас: *„Всичко, което е казал Господ, ще вършим!"* (Изход 24:3) Въпреки това, когато Моисей се намирал на Синайската планина, повикан от Бога, Аарон създал образа на теле и хората извършили греха на идолопоклонничеството.

Как е възможно избраниците на Бога да извършат такъв голям грях? Всички хора след Адам, които извършили греха на неподчинението, са потомци на Адам и всички те са родени с греховна природа. Те били принудени да съгрешават преди да бъдат осветени чрез очистване на сърцата им. Ето защо, Бог изпратил Своя единствен Син Христос и чрез Неговото разпъване Той отворил вратата за опрощението на човечеството от греха.

Защо тогава Бог дал Закона на хората? Десетте заповеди, които Бог им наложил чрез Моисей, наредбите и постановленията са известни като Закона.

Чрез Закона Бог ги повежда към Земята, изобилстваща с мед и мляко

Причината и предназначението Бог да даде на израелтяните Закона при излизането им от Египет е да се радват на благословията, с която да влязат на земята на Кана – земя, изобилстваща с мед и мляко. Хората получили закона пряко от Моисей, но те не спазили споразумението с Бога и извършили много грехове, включително идолопоклонничество и блудничество. Повечето от тях накрая умрели в греховете си през 40-годишния живот в пустинята.

Книгата Второзаконие била записана според последните думи на Моисей и е посветена на Закона и на съглашенията с Бога. Когато повечето от първите потомци в Изход, с изключение на Иисус Навиев и Калев умряли и дошло времето да напусне израелтяните, Моисей страстно призовавал второто и третото поколение на Изход да обича

Бога и да спазва Неговите заповеди.

> „А сега, Израелю, какво иска от тебе Господ, твоят Бог, освен да се боиш от Господа, твоя Бог, да ходиш във всичките Му пътища, да Го обичаш и да служиш на Господа, твоя Бог, с цялото си сърце и с цялата си душа, за да пазиш заповедите на Господа и наредбите Му, които днес ти давам за твое добро?" (Второзаконие 10:12-13).

Бог им дал Закона, защото искал съзнателно да Го спазват от все сърце и да докажат любовта си към Бога чрез подчинението. Бог не им дал Закона, за да ги ограничава или обвързва, а искал да приеме сърцата им в послушание и да ги благослови.

> „Тези думи, които ти заповядвам днес, нека бъдат в сърцето ти; и на тях да учиш прилежно децата си и за тях да говориш, когато седиш в дома си, когато ходиш по пътя, когато лягаш и когато ставаш. Да ги вързваш за знак на ръката си и да бъдат като превръзка на челото ти. И да ги напишеш върху стълбовете на вратите на къщата си и на портите си" (Второзаконие 6:6-9).

Чрез тези стихове, Бог им казал как да спазват Закона в сърцата си, да го учат и да го спазват на практика. Пре вековете, заповедите и наставленията на Бога, записана в петте книги на Моисей, все още се помнят и спазват, но акцентът върху спазването на закона е изразен повърхностно.

Законът и традицията на Старейшините

Например, законът постановявал съботният ден да бъде свят и старейшините установили множество традиции, насочени към спазването на заповедите като забраната да се използват автоматични врати, асансьори и ескалатори и отварянето на търговска кореспонденция, паспорти и други пакети. Как дошла традицията на старейшините?

Когато Божият храм бил разрушен и израелтяните били отведени в пленничество във Вавилон, те мислили, че това се случило, защото не успяли да служат на Бога от все сърце. Те трябвало да служат на Бога по-съвестно и да прилагат закона в ситуации, които щели да се променят с времето и създали множество стриктни норми.

Нормите били установени, за да служат на Бога от все сърце. С други думи, те установили много строги постановления за всеки аспект на живота, за да спазват закона в ежедневието си.

Стриктните постановления имали за цел да защитят Закона, но с течение на времето, те загубили истинския си смисъл и отдавали по-голямо значение на повърхностното му спазване. По този начин, те започнали да се отклоняват от истинското значение на закона.

Бог вижда и приема сърцата на всички хора, които спазват закона, а не толкова на онези, които го спазват повърхностно чрез дела. Той е постановил Закона, за да търси онези, които наистина Го почитат и да благослови хората, които Му се подчиняват. Много хора в Стария завет спазвали Закона, но мнозина го нарушавали.

> *„Дано някой от вас да затвори вратата на храма, за да не палите огън на жертвеника Ми напразно! Аз не благоволя към вас, казва Господ на Силите, нито ще приема принос от ръката ви"* (Малахия 1:10).

Когато учителите на закона и старейшините злословили срещу Исус и осъдили учениците Му, това не било защото не спазвали закона, а защото нарушили традицията на старейшините, което е добре описано в евангелието на Матей.

> *„Защо Твоите ученици престъпват преданието на старейшините, понеже не си мият ръцете, когато ядат хляб?"* (Матей 15:2)

Исус им казал, че не са нарушили Божиите заповеди, а традицията на старейшините. Разбира се, важно е да се спазва външната част на закона, но още по-важно е да се разбере истинската Божия воля, която той въплъщава.

Исус им отговорил:

„Защо и вие заради вашето предание престъпвате Божията заповед? Защото Бог каза: Почитай баща си и майка си; и: Който злослови баща или майка, непременно да се умъртви. Но вие казвате: Който каже на баща си или майка си: Това мое имане, с което би могъл да си помогнеш, е дар на Бога, той да не почита баща си или майка си. Така заради вашето предание вие осуетихте Божията заповед" (Матей 15:3-6).

В следните стихове Исус казва:

„Лицемери! Добре е пророкувал Исая за вас, като е казал: Тези хора се приближават до Мене с устата си и Ме почитат с устните си; но сърцето им стои далеч от Мен. Обаче напразно Ми се кланят, като преподават за поучения човешки заповеди" (Матей 15:7-9).

Исус повикал тълпата и казал:

„Слушайте и разбирайте! Това, което влиза в устата, не осквернява човека; но това, което излиза от устата, то осквернява човека" (Матей 15:10-11).

Децата на Бога трябва да почитат своите родители, както е записано в Десетте заповеди, но фарисеите учили хората, че децата, които почитали своите родители и имотите им, можели да бъдат освободени от това задължение ако обявят, че имотите им ще бъдат дарени на Бога. Те издали толкова подробни постановления за всеки детайл от живота, че неевреите не могли дори да се осмелят да не ги спазват и считали, че вършили всичко правилно като Божи избраници.

Бог, в който Израел вярва

Когато Исус излекувал болните в свещената събота, фарисеите Го осъдили, че нарушавал светия ден. Един ден Христос влязъл в синагогата и видял човек, изправен пред фарисеите, чиято ръка била изсъхнала. Христос се опитал да ги събуди и ги попитал:

„Позволено ли е да се прави добро в съботен ден или да се прави зло? Да се спаси ли живот или да се погуби? А те мълчаха." (Марко 3:4).

„Кой от вас, ако има една овца и тя в съботен ден падне в яма, няма да я улови и извади? А колко по-ценен е човек от овца! Затова е позволено да се прави добро в съботен ден" (Матей 12:11-12).

Фарисеите били изпълнени със същността на закона, формиран според традицията на старейшините, техните егоистичните мисли и начин на живот. Ето защо, те не само не успяли да реализират истинската воля на Бога, въплътена в закона, но не разпознали Исус, който дошъл на земята като Спасител.

Христос често ги укорявал, призовавал ги да се покаят и да се отвърнат от грешните си дела. Упреквал ги, че пренебрегвали истинската идея на Бога за отдадения им от Него закон и го спазвали повърхностно.

„Горко на вас, книжници и фарисеи, лицемери! Защото давате десятък от джоджена, копъра и кимиона, а сте пренебрегнали по-важните неща на закона – правосъдието, милостта и верността, но тези трябваше да правите, а онези да не пренебрегвате" (Матей 23:23).

„Горко на вас, книжници и фарисеи, лицемери, защото почиствате външността на чашата и блюдото, но отвътре те са пълни с грабеж и

насилие" (Матей 23:25).

Под владичеството на Римската империя, израелтяните си представяли, че Месията идва за тях героично и ги освобождава от лапите на потисниците, за да управлява над всички народи в целия свят.

На един дърводелец се родил син. Той придружавал изоставените, болните и грешниците, наричал Бога „Баща" и свидетелствал, че Той е Светлината на света. Когато порицавал за греховете им хората, които спазвали закона според своите критерии и се обявявали за праведни, те били пронизани в сърцата, думите му ги накърнили и го разпънали безпричинно на кръста.

Бог иска от нас да обичаме и да прощаваме

Фарисеите изпълнявали точно предписанията на Юдаизма и дълги години спазвали обичаите и традициите, ценни като живота им. Те считали за грешници и отбягвали бирниците, които служели на Римската империя.

В Матей 9:10 пише, че Исус седял на масата на един бирник, наречен Матей и вечерял заедно с учениците си, с мнозина бирници и грешници. Когато Фарисеите видяли това, те казали на учениците Му: *„Защо вашият Учител яде с бирниците и грешниците?"* Когато Исус ги чул да осъждат учениците Му, Той им обяснил за сърцето на Бога. Бог отдава Своята безкрайна любов и милост на всеки, който се разкае искрено за греховете си и се отвърне от тях.

Матей 9:12-13 продължава, *„А Той, като чу това, каза: Здравите нямат нужда от лекар, а болните. Но идете и се научете какво значи писаното: „Милост искам, а не жертви", защото не съм дошъл да призова праведните, а грешните към покаяние."*

Когато порочността на хората от Ниневия стигнала до небето, Бог искал да унищожи града. Преди да направи това, Той изпратил Своя пророк – Йона, за да ги накара да се покаят за греховете си. Хората постили, разкаяли се напълно за греховете си и Бог се отказал от намерението Си да ги унищожи. Въпреки това, именно Фарисеите считали, че всеки, който наруши закона, трябвало да бъде осъден. Най-важната част на закона е постоянната любов и опрощението, но Фарисеите считали, че осъждането е по-правилно и по-ценно от любовта и прошката.

По същия начин, когато не разбираме сърцето на Бога, който ни е дал закона, ние сме принудени да осъждаме всичко според нашите собствени критерии и тези осъждания ще бъдат считани за грешни и противоречиви на Бога.

Истинската цел на Бога за отдаването на Закона

Бог създал небето, земята и всичко в тях. Бог създал човека, за да има истински деца, които да наподобяват сърцето Му. За тази цел, Бог казал на хората Си: *„Осветете се и бъдете свети, понеже Аз съм свят"* (Левит 11:44). Той ни кара да се страхуваме от Него, да бъдем праведни не само външно, а да станем безгрешни като отхвърлим злото от сърцата си.

Фарисеите и писарите по времето на Христос били много по-заинтересвани от даренията и от спазването на закона, отколкото от осветяването на сърцата си. Бог предпочита съкрушеното и разкаяно сърце пред жертвите (Псалми 51:16-17), затова ни е дал закона, за да можем чрез него да се покаем за греховете ни и да се отвърнем от тях.

Истинската Божия воля, въплътена в Закона на Стария завет

Не е вярно, че делата на израелтяните за спазване на закона били лишени напълно от тяхната любов към Бога. Бог искал от тях да осветят сърцата си и сериозно ги упрекнал чрез пророк Исая:

> *„За какво Ми са многото ваши жертви? казва Господ. Преситен съм на всесъжения от овни и на тлъстина от угоен добитък; и кръв от телета, от агнета и козли не искам. Кога дохождате да се явите пред лицето Ми, кой ви иска да тъпчете дворите Ми? Не принасяйте вече суетни дарове: каденето е отвратително за Мене; новомесечия, съботи и празнични събрания не мога да търпя: беззаконие – и празнуване!"* (Исая 1:11-13)

Истинският смисъл на спазването на закона не се състои във външните действия, а в желанието на сърцето. Затова Бог не бил доволен от множеството жертвоприношения, предложени като обичайно и повърхностно действие при влизането в святия съд. Независимо от броя на жертвоприношенията, предложени според закона, Бог не им се радвал, защото сърцата им не били в съответствие с волята Му.

Същото се отнася и за молитвите ни. Не е важно само да се молим, по-важна е нагласата на нашите сърца в молитвите. Псалмописецът е написал в Псалми 66:18: *„Да бях видял беззаконие в сърцето си, Господ не би ме послушал."*

Бог дал на хората да разберат чрез Христос, че не му се нравели молитвите, извършени лицемерно за показ, а само искрените молитви от все сърце.

„И кога се молиш, не бъди като лицемерците, които обичат да се спират по синагоги и по кръстопътища да се молят, за да се покажат пред човеците. Истина ви казвам, те вече получават своята награда. А ти, кога се молиш, влез в скришната си стая и, като си заключиш вратата, помоли се на твоя Отец, Който е на тайно; и твоят Отец, Който вижда в скришно, ще ти въздаде наяве" (Матей 6:5-6).

Същото се случва, когато се покаем за греховете ни. Когато се разкайваме за греховете ни, Бог не иска от нас да разкъсваме дрехите си и да ридаем, а да се разкаем от все сърце. Не е важно самото действие на покаянието, но когато се разкаем от сърце и се отвърнем от греха, Бог приема това разкаяние.

„Но и сега още казва Господ: обърнете се към Мене от все сърце с пост, плач и ридание. Раздирайте сърцата си, а не дрехите си, и се обърнете към Господа, вашия Бог; защото Той е благ и милосърден, дълготърпелив и многомилостив, и съжалява за злочестината" (Йоил 2:12-13).

С други думи, Бог иска да приеме сърцата на онези, които спазват закона, а не самото действие по неговото спазване.

Това е описано в Библията като „очистване от греховете." Можем да изчистим телата си като обрежем плътта си и да се пречистим вътрешно като обрежем сърцето си.

Обрязването на сърцето, което Бог иска

За какво по-точно се отнася обрязването на сърцето? То се отнася за „изрязване и изхвърляне от сърцето на всички видове злини и грехове, включително завист, ревност, гневност, ярост, изневяра, лъжа, измама и осъждане." Когато изрязвате от сърцето греховете и злините и спазвате закона, Бог го приема като пълно подчинение.

> „Обрежете се заради Господа и снемете крайната плът от сърцето си, Иудини мъже и Йерусалимски жители, да се не яви Моят гняв като огън и да не пламне неугасно поради вашите лоши наклонности" (Еремия 4:4).

> „И тъй, обрежете крайната плът на сърцето си и занапред не бъдете твърдоглави" (Второзаконие 10:16).

> „Египет и Иудея, Едома и Амоновите синове, Моава и всички, които си стрижат скулуфите, които живеят в пустинята; защото всички тия народи са необрязани, а целият Израилев дом е с

необрязано сърце" (Еремия 9:26).

„И ще обреже Господ, Бог твой, сърцето ти и сърцето на потомството ти, за да обичаш Господа, твоя Бог, от всичкото си сърце и от всичката си душа, за да живееш" (Второзаконие 30:6).

Старият завет често ни призовава да обрежем сърцето си, защото само онези, които са обрязали сърцата си, могат да обичат Бога с цялото си сърце и душа.

Бог иска децата Му да бъдат святи и съвършени. В Битие 17:1, Бог казал на Аврам да бъде „непорочен" и в Левит 19:2, Той казал на израелтяните да бъдат „святи."

Йоан 10:35 казва: *„Ако Той нарече богове ония, към които бе отправено словото Божие (и не може да се наруши Писанието)"* и 2 Петрово 1:4 казва: *„чрез които ни са дарувани твърде големите и драгоценни обещания, та чрез тях да станете участници в божественото естество, като отбегнете световното разтление от похоти."*

По времето на Стария завет, те били спасени чрез делата си по спазване на закона, а по времето на Новия завет, можем да бъдем спасени чрез вярата ни в Исус Христос, който изпълнил закона с любов.

Спасение чрез делата е било възможно по времето на Стария завет, когато хората са изпитвали греховни желания да убиват, да мразят, да изневеряват и да лъжат, но не са ги извършвали. По времето на Стария завет, Святият дух не е живял в хората и те не са могли сами да отхвърлят греховните мисли. Ето защо, когато не извършвали греховете реално, не били считани за грешници.

Въпреки това, във времето на Новия завет ние можем да постигнем спасение едва когато обрежем сърцата си с вярата. Святият дух ни дава да разберем за греха, праведността и осъждането и ни помага да живеем според Божието слово, за да отхвърлим неистинската и греховна природа и да обрежем сърцата си.

Спасението чрез вярата в Исус Христос не се получава просто, когато знаем и вярваме, че Исус Христос е наш Спасител. Едва когато отхвърлим злото от сърцата си, защото обичаме Бог и вървим в истината чрез вяра, Бог ще признае вярата ни за истинска и ще ни ръководи не само към пълно спасение, но и по пътя към удивителни отговори и благословии.

Как да удовлетворим Бога

Естествено е Божието дете да не съгрешава в делата си. Нормално е също да отхвърли всички неистини и греховни желания от сърцето си и да наподобява Божията святост.

Ако не вършите грехове с делата си, но изпитвате греховни желания, които не са угодни на Бога, Вие не сте праведни за Него.

Ето защо, в Матей 5:27-28 пише: *„Слушали сте, че бе казано на древните: не прелюбодействувай. Аз пък ви казвам, че всеки, който поглежда на жена с пожелание, вече е прелюбодействувал с нея в сърцето си."*

В 1 Йоаново 3:15 е написано: *„Всякой, който мрази брата си, е човекоубиец; и знаете, че никой човекоубиец няма вечен живот, който да пребъдва в него."* Този стих ни подтиква да се освободим от омразата в сърцето си.

Как трябва според Божията воля да отвърнете на враговете си, които ви мразят?

Законът от времето на Стария завет гласи: „Око за око и зъб за зъб." С други думи, законът казва: *„Според повредата, която той причини на човека, така да му бъде направено и на него"* (Левит 24:20). Целта е да се предотврати раняването и ощетяването на другите чрез строги постановления. Така е, защото Бог знае, че хората се опитват да отмъстят със зло, по-голямо от нанесеното.

Цар Давид бил считан за човек, чието сърце наподобявало сърцето на Бога. Когато Цар Саул се опитал да го убие, Давид не си отмъстил за нито една от злините на Цар Саул, а се отнасял с добро към него през цялото време. Давид открил истинското значение, въплътено в закона и живял единствено според Божието слово.

„Да не отмъщаваш, нито да храниш злоба против ония, които са от людете ти; но да обичаш ближния си както себе си. Аз съм Господ" (Левит 19:18).

„Не се радвай, когато падне неприятелят ти, И да се не весели сърцето ти, когато се подхлъзне той" (Притчи 24:17).

„Ако е гладен ненавистникът ти, дай му хляб да яде, И ако е жаден, напой го с вода," (Притчи 25:21).

„Чули сте, че е било казано: Обичай ближния си, а мрази неприятеля си. Но Аз ви казвам: Обичайте неприятелите си и молете се за тия, които ви гонят" (Матей 5:43-44).

Според гореспоменатите цитати, ако вие спазвате закона, но не сте простили на човека, който ви причинява беди, Бог не е доволен от вас. Така е, защото Бог ни е казал да обичаме враговете си. Когато спазвате закона и когато вършите това със сърце, което Бог иска да притежавате, може да се счита, че спазвате напълно Божието слово.

Законът, символ на Божията любов

Богът на любовта иска да ни даде безкрайни благословии, но тъй като е Бог на справедливостта, Той няма друг избор освен да ни предаде на дявола, когато вършим грехове. Ето защо някои вярващи в Бога страдат от болести и претърпяват инциденти и бедствия, когато не спазват Божието слово.

Бог ни е дал много заповеди в любовта Си, за да ни избави от тези изпитания и мъчения. Колко наставления дават родителите на децата си, за да ги защитят от болести и инциденти?

„Мий си ръцете, когато се прибираш вкъщи."
„Мий си зъбите след ядене."
„Оглеждай се, когато пресичаш улицата."

По същия начин, Бог ни е казал с любов да спазваме Неговите заповеди и наредби за наше добро (Второзаконие 10:13). Придържането и прилагането на практика на Божието слово е като светило в живота ни. Независимо колко е тъмно, ние можем безопасно да вървим по пътя, осветен от лампа и в същия смисъл, когато Бог, който е светлина, е с нас, ние можем да бъдем закриляни и да се радваме на предимството да сме благословени деца на Бога.

Колко доволен е Бог, когато закриля децата Си, които спазват словото Му с пламтящи очи и им дава всичко, което поискат! Тези деца могат да променят сърцата си в чисти и добри и да наподобяват на Бога докато спазват словото Му, да почувстват дълбоката любов на Бога и да Го обичат още повече.

Следователно, законът, който ни е отдаден от Бога, прилича на учебник за любовта, който съдържа указанията за най-добрите благословии за нас, които сме под управлението на Бог на земята. Законът на Бога не ни обременява, а ни закриля от всякакви видове бедствия на този свят, които врагът-дявол и Сатаната ръководят и ни води по пътя към благоденствието.

Христос изпълнил Закона с Любов

Във Второзаконие 19:19-21 можем да видим, че по времето на Стария завет, когато хората вършели грехове с очите си, очите им трябвало да бъдат извадени. Когато съгрешавали с ръце или крака, те трябвало да бъдат отрязани. Когато убивали и извършвали изневяра, те били наказвани чрез умъртвяване с камъни.

Законът на духовното царство гласи, че наказанието за греха е смърт. Ето защо, Бог сериозно наказвал онези, които извършили непростими грехове и така искал да предупреди много други да не ги вършат.

Богът на любовта не бил напълно доволен от вярата, с която се придържали към закона и казал: „Око за око и зъб за зъб." Вместо това, Той настоявал отново и отново в Стария завет, че трябвало да обрежат сърцата си. Той не искал хората Му да изпитват болка заради закона и затова, когато часът настъпил, Той изпратил Исус на земята и Го оставил да понесе всички грехове на човечеството и да изпълни закона с любов.

Ако Исус не беше разпънат, щяха да ни отрежат крайниците, с които сме съгрешили. Христос пое кръста и проля ценната Си кръв с прободени ръце и крака, за да ни очисти от всичките ни грехове, извършени с крака и ръце. Сега не трябва да ни отрязват краката и ръцете заради тази велика любов на Бога.

Исус, който е в единство с Бога на любовта, слязъл на земята и изпълнил закона с любов. Христос дал пример за живот, в който спазвал всички заповеди на Бога.

Дори и напълно да спазвал закона, Той не осъждал онези, които не го изпълнявали с думите: „Вие нарушихте закона и вървите към смъртта." Вместо това, Той проповядвал на хората истината ден и нощ, за да може още една душа да се разкае за греховете си и да постигне спасение. Той не спирал да се труди, да лекува и да освобождава онези, които били оковани в болести и недъзи и обладани от демони.

Любовта на Исус била особено видна, когато писарите хванали в изневяра една жена и я завели при Него. В осма глава на евангелието на Йоан, писарите и фарисеите завели жената при Него и Го попитали: *„Моисей ни е заповядал в закона да убиваме такива с камъни. А Ти какво ще кажеш* за нея?" (стих 5) Христос отговорил: *„Който от вас е безгрешен, нека пръв хвърли камък по нея"* (стих 7).

С този въпрос Той искал да разберат, че не само жената, а и те самите, които я обвинявали в изневяра и търсили причини да осъдят Исус, също били грешници пред очите на Бога и ной не можел да се осмелява да съди другия. Хората се почувствали виновни от думите Му и излязли един по един, започвайки от най-възрастния до последния. Исус останал последен с жената.

Христос видял, че останал сам с жената и й казал: *„Жено, къде са онези? Никой ли не те осъди?"* (стих 10) Тя отговорила: „Никой, Господи" и Исус й казал: *„И Аз не те осъждам; иди си, отсега нататък не съгрешавай вече"* (стих 11).

Жената много се страхувала, когато я хванали и непростимият й грях бил разкрит. Можете ли да си представите колко сълзи е проляла от вълнение и благодарност, когато Исус й простил! Споменът за опрощението и любовта на Христос не й позволявал да наруши закона и да съгрешава отново. Това било възможно, защото срещнала Исус, който изпълнил закона с любов.

Христос изпълнил закона с любов не само за тази жена, но и за всички хора. Той не пощадил живота Си и принесъл Себе Си в жертва на кръста за нас – грешниците, подобно на родителите, които жертват живота си, за да спасят своите давещи се деца.

Исус бил чист и непорочен и единственият роден Син на Бога, но Той понесъл всички неописуеми болки, пролял кръвта Си и пожертвал живота Си на кръста за нас, грешниците. Неговото разпъване представлявало най-трогателният момент от постигането на съвършената любов в историята на човечеството.

Когато мощта на Неговата любов ни залее, ние получаваме силата да спазваме изцяло закона с любов като Исус.

Ако Христос не беше изпълнил закона с любов, а беше осъдил и порицал всеки и беше отвърнал очи от грешниците, колко хора по света щяха да бъдат спасени? Както пише в Библията: *„Няма праведен ни един"* (Римляни 3:10), никой не може да бъде спасен.

Следователно, децата на Бога, чиито грехове бяха опростени с голямата Му любов, не само трябва да Го обичат като спазват Заповедите Му с по-смирени сърца, но да обичат също и ближните си, както обичат себе си, да им служат и да им прощават.

Онези, които осъждат и порицават другите чрез закона

Христос изпълнил закона с любов и станал Спасител

за всички хора, но какво направили фарисеите, писарите и проповедниците на закона? Те настоявали за спазването на закона с дела, а не чрез пречистване на сърцата, както е искал Бог и считали, че изпълняват стриктно закона. В допълнение, те не прощавали на онези, които не спазвали закона, а ги осъждали и порицавали.

Нашият Бог не иска никога да осъждаме и да порицаваме другите без милост и без любов. Той не иска да страдаме докато спазваме закона без да изпитваме любовта на Бога. Нямаме полза ако спазваме закона, но не разбираме сърцето на Бога с любов.

„И ако имам пророческа дарба, и зная всички тайни и всяко знание, и ако имам пълна вяра, тъй щото и планини да премествам, а любов нямам, нищо не съм. И ако раздам всичкия си имот за прехрана на сиромасите, и ако предам тялото си на изгаряне, а любов нямам, никак не ме ползува" (1 Коринтяни 13:2-3).

Бог е любов, Той се радва и ни благославя, когато спазваме закона с любов. По времето на Христос, фарисеите не притежавали любов в сърцата си, докато спазвали закона с дела и не спечелили нищо. Те осъждали и порицавали другите със знанието на закона и това ги отдалечило от Бога. Резултатът бил разпъването на Божия Син.

Когато разберете истинската воля на Бога, въплътена в закона

Дори по времето на Стария завет, имало велики праотци на вярата, които разбирали истинската воля на Бога в закона. Праотците на вярата, включително Аврам, Йосиф, Моисей, Давид и Илия не само спазвали закона, но правили всичко възможно да станат истински Божи деца чрез пречистване на сърцата им.

Когато Исус бил изпратен като Месия на Бога, за да научат евреите за Бога на Аврам, Бога на Исаак и Бога на Яков, те не били способни да Го разпознаят. Те били заслепени от стереотипите на традицията на старейшините и делата им за спазване на закона.

За да свидетелства, че е Син на Бога, Исус извършил удивителни чудеса и знамения, които били възможни единствено с Божията сила. Въпреки това, те не успяли да разпознаят Христос или да Го приемат като Месия.

Не било така за онези евреи, които имали добри сърца. Когато слушали посланията на Исус, те вярвали в Него, видяли Го да изпълнява чудни знамения и повярвали, че Бог бил с Него. В трета глава от евангелието на Йоан, един фарисей на име „Никодимус" посетил Исус през нощта и Му казал следното:

„*Учителю, знам, че от Бога си дошъл учител;*

защото никой не може да върши тия знамения, които Ти вършиш, ако Бог не е с него" (Йоан 3:2).

Богът на любовта очаква завръщането на Израел

Защо повечето евреи не са разпознали Исус, който дошъл на земята като Спасител? Мислите им били ограничени от закона, те вярвали, че обичат и служат на Бога и не искали да вярват в нищо друго, което противоречало на стереотипите им.

Преди да срещне Господ Христос, Павел вярвал твърдо, че да спазваш стриктно закона и традицията на старейшините означавало да обичаш и да служиш на Бога. Ето защо, той не приемал Христос за Спасител, а вместо това Го преследвал – Него и вярващите в Него. След като срещнал възкръсналия Господ Исус по пътя за Дамаск, неговите стереотипи напълно били разрушени и той станал апостол на своя Господ, Исус Христос. От този момент нататък, той можел дори да пожертва живота си за Него.

Желанието да спазват закона е присъщо за евреите и силното място на Божия избраник Израел. Ето защо, когато осъзнаят истинската Божия воля, въплътена в закона, те ще бъдат в състояние да обичат Бога повече от всички други хора или раси и да Му бъдат верни до живот.

Когато Бог извел от Египет израелтяните, Той им дал всички закони и заповеди чрез Моисей и им казал какво искал наистина да направят. Обещал им, че ако обичат Бога, пречистят сърцата си и живеят според волята Му, Той ще бъде с тях и ще ги благослови.

„И се обърнеш към Господа твоя Бог и с цялото си сърце и цялата си душа послушаш, ти и чадата ти, гласа Му, според всичко що днес ти заповядвам, тогава Господ твоят Бог ще те върне от плен, ще ти покаже милост, и пак ще те събере от всичките народи, между които Господ твоят Бог ще те е разпръснал. До небесните краища, ако бъдеш изгонен, даже от там ще те събере Господ твоят Бог, и от там ще те вземе; И Господ твоят Бог ще те въведе в земята, която бащите ти притежаваха, и ти ще я притежаваш; Той ще ти струва добро, и ще те умножи повече от бащите ти. Господ твоят Бог ще обреже сърцето ти и сърцето на потомството ти, за да любиш Господа твоя Бог с цялото си сърце и с цялата си душа, та да живееш. И Господ твоят Бог ще излее всички тия проклетии върху неприятелите ти и върху ония, които те ненавиждат и те гонят. А ти наново ще слушаш гласа на Господа, и ще изпълняваш всичките Му заповеди, които днес ти заповядвам" (Второзаконие 30:2-8).

Както Бог обещал на Своите избраници израелтяните в горния цитат, Той събрал хората Си, разпръснати по целия свят и им позволил да възвърнат страната си след няколко хиляди години и ги издигнал високо над всички други нации на земята. Въпреки това, Израел не успял да разбере великата любов на Бога чрез разпятието и удивителното Му провидение за създаването и развитието на човечеството, а все още спазвал закона с дела и в традицииите на старейшините.

Богът на любовта страстно желае и чака да се откажат от своята неправилна вяра, да се променят и да станат по-скоро истински Божи деца. Най-напред, трябва да отворят сърцата си и да приемат Исус Христос, изпратен от Бога като Спасител на всички хора, за да получат опрощение на греховете си. След това, трябва да осъзнаят истинската воля на Бога, отдадена чрез закона и да притежават истинска вяра като спазват стриктно Божието слово чрез пречистване на сърцата им, за да постигнат пълно спасение.

Искрено се моля Израел да възстанови загубения образ на Бога чрез вяра, угодна на Господ и да станат истински Божи деца, за да се радват на всички благословии, обещани от Бога и да живеят сред величието на вечния рай.

"Куполът над скалата", ислямски храм, разположен в загубения свещен град Йерусалим

Глава 4

Вижте и чуйте!

В края на света

Библията ясно ни обяснява, както за началото, така и за края на човешката история. Преди няколко хиляди години, Бог ни е разказал чрез Библията за историята на развитието на човечеството. Историята започнала с първия човек на земята – Адам и ще завърши с Второто пришествие на Бог във въздуха.

Колко е часът според часовника на Бога и колко дни и часове остават до последните моменти от развитието на човечеството? Нека разгледаме Божия план и волята му да ръководи Израел по пътя на спасението.

Изпълнение на пророчествата от Библията в историята на човечеството

В Библията има много пророчества и всички те са думите на всемогъщия Бог, Създателя. Както е казано в Исая 55:11: „Така ще бъде словото Ми, което излиза из устата Ми; Не ще се върне при Мене празно, Но ще извърши волята Ми, И ще благоуспее в онова, за което го изпращам", Божиите думи са били изпълнени изцяло досега и ще продължават да се изпълняват.

Историята на Израел очевидно потвърждава, че пророчествата от Библията са се сбъднали с точност и без никакво отклонение. Историята на Израел протича изцяло според пророчествата, записани в Библията: 400 години робство на израелтяните в Египет и тяхното напускане, „Изход"; стъпването им на земята на Кана, изобилна на мляко и мед; разделяне на царството им на две части – Израел и Юдея и тяхното унищожение; Вавилонското пленничество; завръщането на израелтяните у дома; раждането на Месията и разпъването на Месията; разрушението на Израел и пръсването на израелтяните във всички страни; възстановяването на израелската нация и независимост.

Историята на човечеството е под контрола на всемогъщия Бог и винаги, когато постигал нещо важно, Той откривал намерението Си на пророците (Амос 3:7). Бог предупредил Ной – праведен и непорочен човек по онова време, че Великият Потоп ще разруши земята. Той казал на Аврам за унищожението на градовете Содом и Гомор и предсказал края на света на пророк Даниил и апостол Йоан.

Повечето от пророчествата, записани в Библията, са се сбъднали с точност, а предвещанията, които още не са се сбъднали са за Второто пришествие на Бога и някои предшестващи го събития.

Знамения за края на времената

В днешно време, колкото и сериозно да обясняваме, че

идва краят на времената, много хора не искат да го повярват. Вместо да го приемат, те считат за странни хората, които го коментират и се опитват да ги избягват. Те мислят, че слънцето ще изгрява и ще залязва, хората ще се раждат и ще умират и цивилизацията ще продължава да съществува, както преди.

В Библията е записано следното за края на времената:

> *„Преди всичко знайте това, че в последните дни ще дойдат подигравтели, които с подигравките си ще ходят по своите страсти и ще казват: Где е обещаното Му пришествие? защото, откак са се поминали бащите ни всичко си стои така както от началото на създанието"* (2 Петрово 3:3-4).

Винаги, когато един човек се роди, има и време за смъртта му. По същия начин, историята на човечеството има начало и край. Когато настъпи часът, установен от Бога, всички неща ще свършат на този свят.

> *„И в онова време великият княз Михаил, който се застъпва за твоите люде, ще се подигне; и ще настане време на страдание, каквото никога не е бивало откак народ съществува до онова време; и в онова време твоите люде ще се отърват,*

– всеки, който се намери записан в книгата. И множеството от спящите в пръстта на земята ще се събудят, едни за вечен живот, а едни за срам и вечно презрение. Разумните ще сияят със светлостта на простора, и ония, които обръщат мнозина в правда като звездите до вечни векове. А ти, Данииле, затвори думите и запечатай книгата до края на времето, когато мнозина ще я изследват, и знанието за нея ще се умножава" (Даниил 12:1-4).

Чрез пророк Даниил, Бог предсказал какво ще се случи в края на времената. Някои хора казват, че пророчествата, оставени чрез Даниил, вече са се сбъднали в миналото, но това пророчество ще се сбъдне изцяло в последния момент от историята на човечеството и то е напълно съвместимо със знаменията за последните дни на света, записани в Новия Завет.

Това пророчество на Даниил е свързано с Второто пришествие на Бога. Стихът *„И ще настане време на страдание, каквото никога не е имало, откакто народ съществува до онова време; и в онова време твоят народ ще се отърве – всеки, който бъде намерен записан в книгата"* ни обяснява за седем-годишните Велики Страдания, които ще се случат в края на света и за спасението.

Втората част на стих 4: *„Мнозина ще я изследват,*

и знанието за нея ще се умножава," обяснява за ежедневния живот на съвременните хора. В заключение, тези пророчества на Даниил не се отнасят за унищожението на Изаел през 70-та година след Христа, а за знаменията за края на света.

Христос разказвал подробно на Своите ученици за знаменията за края на света. В Матей 24:6-7, 11-12 Той казва: *„И ще чуете за войни и за военни слухове; но внимавайте да се не смущавате; понеже тия неща трябва да станат; но това още не е свършекът. Защото ще се повдигне народ против народ, и царство против царство; и на разни места ще има глад и трусове. Но всичко това ще бъде само начало на страдания. Тогава ще ви предадат на мъки и ще ви убият; и ще бъдете намразени от всичките народи поради Моето име. И тогава мнозина ще се съблазнят, и един друг ще се предадат, и един друг ще се намразят. И много лъжепророци ще се появят и ще заблудят мнозина. Но понеже ще се умножи беззаконието, любовта на мнозинството ще охладнее."*

Какво е днес положението в света? Всеки ден слушаме все повече новини за войни и слухове за войни и тероризъм. Нациите се бият една срещу друга и страните воюват помежду си. Има глад и земетресения. Има и други природни бедствия и катаклизми, причинени от необичайните климатични условия. Беззаконието все повече преобладава в целия свят, разпространява се грехът и злото и любовта на хората охладнява.

Същото е записано във Второто послание на Тимотей:

„А това да знаеш, че в последните дни ще настанат усилни времена. Защото човеците ще бъдат себелюбиви, сребролюбиви, надменни, горделиви, хулители, непокорни на родителите, неблагодарни, нечестиви, без семейна обич, непримирими, клеветници, невъздържни, свирепи, неприятели на доброто, предатели, буйни, надути, повече сластолюбиви, а не боголюбиви, имащи вид на благочестие, но отречени от силата му; тоже от такива страни" (2 Тимотей 3:1-5).

Съвременните хора не харесват добрите неща, а обичат парите и удоволствието. Те гледат само за себе си и извършват ужасни грехове и злини, включително убийства и палежи безсъвестно и съзнателно. Тези неща стават твърде много и до такава степен сме заобиколени от тях, че повечето хора вече на нищо не се учудват. Виждайки всичко това, не можем да отречем, че историята на човечеството е към края си.

Дори историята на Израел ни подсказва за знаменията на Второто пришествие на Бога и за края на света.

Матей 24:32-33 казва: *"А научете притчата от смоковницата: Когато клоните й вече омекнат и развият листа, знаете, че е близо лятото. Също така и вие, когато видите всичко това, да знаете, че Той е близо при вратата."*

„Смоковницата" тук означава Израел. Дървото изглежда мъртво през зимата, но напролет напъпва отново, клоновете му израстват със зелени листа. По подобен начин, след разрушението на Израел през 70 година след Христа, страната изглежда напълно изчезнала в продължение на две хиляди години, но когато настъпил избраният час от Бога, тя обявила своята независимост и държавата Израел била установена на 14 май, 1948 година.

Независимостта на Израел показва, че Второто пришествие на Исус Христос наближава. Следователно, Израел трябва да разбере, че Месията, когото все още очакват, дошъл на земята и станал Спасител на всички хора преди две хиляди години и да помнят, че Спасителят Христос рано или късно ще дойде на земята като Съдник.

Какво ще се случи с нас, които сме живи в края на света според пророчествата в Библията?

Второто пришествие на Исус Христос на земята и Отнасянето

Преди около две хиляди години, Исус бил разпънат на кръст и възкръснал на третия ден, като победил силата на смъртта. След това бил въздигнат на небето и много присъстващи станали свидетели на възнесението.

„Които и рекоха: Галилеяни, защо стоите та гледате към небето? Тоя Исус, Който се възнесе от вас на небето, така ще дойде както Го видяхте да отива на небето" (Деяния 1:11).

Господ Христос открил пътя към спасението за човечеството чрез Своето разпятие и възкресение и след това бил възнесен на небето и седнал отдясно на Божия трон, за да подготви небесни жилища за хората, които са спасени. Когато завърши историята на човечеството, Той отново ще дойде, за да ни вземе обратно. Второто Му пришествие е добре описано в 1 Солунци 4:16-17:

„Понеже сам Господ ще слезе от небето с повелителен вик, при глас на архангел и при Божия тръба; и мъртвите в Христа ще възкръснат по-напред; после ние, които сме останали живи, ще бъдем грабнати заедно с тях в облаците да посрещнем Господа във въздуха; и

така ще бъдем всякога с Господа."

Каква вълшебна сцена е тази, в която Господ слиза надолу сред облаци слава, придружен от безброй ангели и небесни домакини! Онези, които са спасени ще бъдат покрити с безсмъртните духовни тела и ще срещнат Господ във въздуха, за да празнуват седем-годишното сватбено тържество с Него, нашият постоянен младоженец.

Онези, които са спасени, ще бъдат възнесени във въздуха и ще срещнат Бога, което се нарича „Отнасяне." Царството на въздуха е част от вторите небеса, които Бог е подготвил за седем-годишното сватбено тържество.

Бог разделил духовното царство на няколко пространства и едно от тях е второто небе. Второто небе от своя страна е разделено на две части – Раят – Светът на светлината и Светът на тъмнината. В Света на светлината има специално място, подготвено за седем-годишното сватбено тържество.

Хората, които са украсили себе си с вярата, за да постигнат спасение в този свят, изпълнен с грехове и злини, ще бъдат издигнати във въздуха като булки на Господ и след това ще Го срещнат и ще се радват на сватбения празник в продължение на седем години.

„*Нека се радваме и се веселим и нека отдадем Нему слава; защото дойде сватбата на Агнето,* и Неговата жена се е приготвила. И на нея се позволи да се облече в светъл и чист висон; защото висонът е праведните дела на светиите. И каза ми: Напиши: Блажени тия, които са призвани на сватбената вечеря на Агнето. И казва ми: Тия думи са истинни Божии думи" (Откровение 19:7-9).

Онези, които бъдат издигнати във въздуха, ще бъдат възнаградени за това, че са преодоляли света с вярата по време на Сватбеното тържество с Бога, а онези, които не са издигнати, ще страдат неописуемо, подложени на мъчения от злите сили, изгонени на земята по време на Второто пришествие.

Седемте години на Велики страдания

Докато онези, които са спасени, се радват на седемгодишното сватбено тържество във въздуха и мечтаят за щастливото и вечно небе, цялата земя ще бъде обзета от ужасни страдания, нечувани дотогава в историята на човечеството.

Как ще започнат седем-годишните Велики страдания? Тъй като нашият Господ се завръща във въздуха и толкова много хора ще бъдат възнесени нагоре наведнъж, онези, които остават на земята, ще бъдат толкова шокирани и изненадани от внезапното изчезване на техните близки, приятели и съседи, че ще се лутат да ги издирват.

Скоро ще разберат, че Отнасянето, за което говорили християните, наистина се е случило. Те ще бъдат ужасени от мисълта за седем-годишните Велики страдания, на които ще бъдат подложени, ще бъдат обхванати от тревога и паника. Когато капитаните на самолетите, корабите, влаковете и шофьорите на други превозни средства бъдат вдигнати във въздуха, ще се случайт безброй произшествия и пожари, ще се срутят множество сгради и светът ще се изпълни с пълен хаос и безредие.

В това време един човек ще внесе ред и спокойствие. Това е ръководителят на Европейския съюз. Той ще обедини силите на политическите, икономическите и военните организации, ще поддържа реда в света, ще омиротворява и ще стабилизира обществата. Ето защо, много хора ще ликуват при появата му на световната сцена. Мнозина ще го приветстват с ентусиазъм, ще го подкрепят и ще му сътрудничат.

Той ще бъде антихристът, за когото пише в Библията, който ще ръководи седемте години на Велики страдания, но за известно време ще се яви като „вестител на мира." В действителност, антихристът ще донесе мир и ред за хората в първите години на Великите Страдания. Инструментът, който Той ще използва, за да постигне световен мир е белегът на звяра, „666" записан в Библията.

> *„И принуждаваше всички, малки и големи, богати и сиромаси, свободни и роби, да им се тури белег на десницата или на челата им; за да не може никой да купува или да продава, освен оня, който носи за белег името на звяра, или числото на неговото име. Тук е нужно мъдрост; който е разумен, нека сметне числото на звяра, защото е число на човек; а числото му е шестстотин шестдесет и шест"* (Откровение 13:16-18).

Какъв е белегът на Звяра?

Звярът означава компютър. Европейският съюз (ЕС) ще установи своята организация с помощта на компютрите. С компютрите на ЕС, всеки човек ще получи бар-код на дясната си ръка или на челото. Бар-кодът е белегът на звяра. Бар-кодът ще съдържа цялата лична информация за индивида и ще се имплантира в тялото му. С този бар/код, имплантиран в тялото, компютърът на ЕС ще може да контролира, да наблюдава и да проверява всекиго, независимо къде се намира и какво върши.

Съвременните кредитни карти и картите за лична идентификация, ще бъдат заменени от белега на звяра, „666". Тогава хората няма повече да се нуждаят от пари в брой или от чекове. Те повече няма да се притесняват дали ще загубят нещо или ще бъдат обрани. Това голямо предимство ще мотивира бързото разпространение на белега на звяра „666" в целия свят и без него никой няма да може да бъде идентифициран, нито да купува или да продава.

От началото на седемте години на Велики Страдания, хората ще получават белега на звяра, но няма да бъдат принуждавани да го приемат. Те само ще бъдат съветвани да го направят до пълното утвърждение на ЕС. Когато приключи първата половина на Великите Страдания и организацията стане стабилна, ЕС ще принуждава всекиго да получи белега и няма да прости на онези, които откажат. По този начин, ЕС ще заслепи хората чрез белега на звяра и ще ги ръководи, накъдето поиска.

В крайна сметка, повечето хора, които ще останат по времето на седем-годишните Велики Страдания, ще бъдат контролирани от антихриста и правителството на звяра. Антихристът ще бъде ръководен от врага-дявол и ЕС ще накара хората да се противопоставят на Бога, ще ги поведе по пътя на злото, порока, греха и унищожението.

Някои хора няма да се подчинят на ръководството на антихриста. Те ще бъдат онези, които са вярвали в Исус Христос, но не са се възнесли във въздуха през Второто пришествие на Бога, защото вярата им не е била истинска. Мнозина от тях в миналото приели Бога и живяли праведно, но по-късно загубили Божията милост и се върнали към светския живот, други изповядвали своята вяра в Христос и посещавали църквата, но се отдавали на светските удоволствия, защото не притежавали духовна вяра. Има други, които скоро са приели Господ Исус Христос и някои евреи се пробуждат от своя духовен сън чрез Отнасянето.

Когато видят Отнасянето с очите си, те ще осъзнаят, че всичко написано в Новия и в Стария завет е истина и ще съжаляват, че са останали на земята. Ще ги обхване страх, ще се покаят, че не са живяли според Божията воля и ще се опитат да открият пътя към спасението.

„И друг, трети, ангел вървеше подир тях и казваше със силен глас: Ако някой се поклони на звяра и на неговия образ и приеме белег на челото си или на ръката си, той ще и да пие от виното на Божия гняв, което е приготвено чисто в чашата на гнева Му; и ще бъде мъчен с огън и жупел пред светите ангели и пред Агнето. И димът от тяхното мъчение ще се издига до вечни векове; и ония, които се покланят на звяра и образа му, не ще имат отдих ни денем, нито нощем, нито кой да е, който приема белега на името му. Тук е нужно търпението на светиите, на тия, които пазят Божиите заповеди и вярата в Исуса" (Откровение 14:9-12).

Ако някой получи белега на звяра, той е принуден да

се подчинява на антихриста, който се противопоставя на Бога. Ето защо в Библията се подчертава, че никой, който е белязан с белега на звяра, няма да получи спасение. Хората, които знаят това, ще се опитат да не бъдат белязани по времето на Великите Страдания, за да покажат, че имат вяра.

Идентичността на антихриста ще бъде разкрита напълно. Той ще обяви за нечисти онези елементи от обществото, които се противопоставят на политиката му и откажат да бъдат белязани, ще ги отхвърли от обществото с основанието, че нарушават социалния мир. Той ще ги принуди да се отрекат от Исус Христос и да получат белега на звяра. Ако откажат, ще бъдат преследвани и измъчвани.

Спасение чрез мъченичество за избягване белязването с белега на звяра

Мъченията за онези, които откажат да получат белега на звяра по време на седем-годишните Велики Страдания са невъобразимо тежки. Те са твърде болезнени за изтърпяване, за това малцина ще ги издържат, за да получат последна възможност за спасение. Някои от тях ще кажат: „Няма да се откажа от вярата си в Господ. Все още вярвам в Него в сърцето си. Мъченията са много тежки, но само устните ми се отказват от Господ. Бог ще ме разбере и ще ме спаси." След това тези хора ще получат белега на звяра, но няма да бъдат спасени.

Преди няколко години докато се молих, Бог ми показа видение. Някои от хората, които остават по време на Великите Страдания отказват да бъдат белязани с белега на звяра и биват измъчвани. Това наистина беше ужасна сцена! Мъчителите обелваха кожата им, натрошаваха ставите им, режеха пръсти, ръце и крака и ги поливаха с врящо масло.

По време на Втората Световна Война е имало ужасни убийства и мъчения, както и медицински експерименти с живи хора. Тези мъчения не могат да се сравняват с мъченията по време на седем-годишните Велики Страдания. След Отнасянето, в света ще властва антихристът, който е в единство с врага-дявол и не изпитва никаква милост или състрадание.

Врагът-дявол и силите на антихриста ще принуждават хората да се отрекат от Исус Христос по всякакъв начин, за да ги изпратят в ада. Ще измъчват вярващите без да ги убиват веднага с изтънчени и жестоки методи за изтезания. Различните методи за мъчения и усъвършенстваните уреди за изтезания ще всяват ужас и болка сред вярващите.

Измъчваните хора ще искат да умрат бързо, но антихристът няма да ги убива лесно, а те знаят добре, че самоубийството не води никога до спасение.

Чрез видението Бог ми показа, че повечето от тях не могат да понесат болката от мъченията и се предават на антихриста. За известно време някои от тях изглежда понасяха и преодоляваха със силна воля, но виждаха скъпите си деца или родители да бъдат измъчвани по същия начин и спираха да се съпротивляват, за да получат белега на звяра.

Малцина от изтезаваните с праведни и чисти сърца ще преодолеят мъченията и ще умрат мъченически. Онези, които запазят вярата си чрез мъченичество по време на Великите Страдания, могат да участват в процесията на спасението.

Пътят към Спасението от предстоящите Мъчения

Евреите, живеещи мирно в Германия, никога не подозирали за жестоката касапница на шест милиона души след избухването на Втората Световна Война. Никой не знаел и не бил в състояние да предвиди, че Германия, която им осигурявала мир и сравнителна стабилност, можела изведнъж да се превърне в такава зла сила за толкова кратко време.

По онова време евреите не знаели какво ги очаква, били безпомощни и не можели да направят нищо, за да избегнат големите страдания. Бог иска Неговите избраници да се избавят от предстоящите бедствия в близко бъдеще. Ето защо, Бог е описал с подробности края на света в Библията и е позволил Божиите хора да пробудят израелтяните и да ги предупредят за идващите страдания.

Най-важното за тях е да разберат, че предстоящите

страдания са неизбежни и вместо да се избави от тях, Израел ще бъде в центъра на Великите Страдания. Искам да осъзнаете, че тези страдания наближават скоро и те ще ви сполетят като крадец ако не сте подготвени. Трябва да се пробудите от духовна дрямка ако искате да се спасите от ужасните бедствия.

Точно сега е времето, когато израелтяните трябва да се събудят! Те трябва да се покаят за това, че не са разпознали Месията, да приемат Исус Христос като Спасител на човечеството и да притежават истинска вяра, каквато Бог иска да имат, за да бъдат отнесени радостно, когато Господ се върне във въздуха.

Призовавам ви да помните, че антихристът ще се появи пред вас като вестител на мира, както Германия е направила за известно време преди началото на Втората Световна Война. Той ще предложи мир и спокойствие, но след това много бързо и съвсем неочаквано, антихристът ще стане велика сила – сила с нарастваща власт за времето си и той ще причини невъобразими страдания и катастрофи.

Десетте пръста

Библията съдържа множество пророчества, които ще се случат в бъдещето. Например, ако видим пророчествата, записани в книгите на великите пророци от Стария завет, те предсказват не само за бъдещето на Израел, но и за световното бъдеще. Защо мислите, че е така? Божите избраници – израелтяните, са били, са и ще бъдат в центъра на историята на човечеството.

Велик образ, описан в пророчеството на Даниил

Книгата на Даниил предсказва не само бъдещето на Израел, но и какво ще стане в света през последните дни. В Евангелието на Даниил 2:31-33, с Божието вдъхновение, Даниил изтълкувал съня на Навуходоносор и тълкуванието предсказвало какво ще се случи в последните дни на света.

"Ти, царю, си видял, и ето голям образ. Тоя образ, който е бил велик, и чийто блясък е биул превъзходен, е стоял пред тебе; и изгледът му е бил страшен. Главата на тоя образ е била от чисто злато, гърдите му и мишците му

от сребро, коремът му и бедрата му от мед, краката му от желязо, нозете му отчасти от желязо, а отчасти от кал" (Даниил 2:31-33).

Какво предсказва този цитат за ситуацията в последните дни на света?

„Великият образ", който Цар Навуходоносор видял в съня си не било нищо друго, а Европейският Съюз. В днешно време светът се контролира от две сили – Съединените Американски Щати и Европейският Съюз. Разбира се, не може да се пренебрегне влиянието на Русия и Китай, но САЩ и ЕС все още са най-мощните сили в света в областта на икономиката и военното дело.

Понастоящем, ЕС изглежда отслабнал, но той непрекъснато ще се разраства. Никой вече не се съмнява в това. САЩ до сега бяха доминиращата нация на световно равнище, но малко по малко, ЕС ще постигне по-голямо влияние.

Само преди няколко десетилетия, никой не можеше да си представи, че страните от Европа биха могли да се обединят в една управленска система. Разбира се, европейските държави обсъждаха ЕС дълго време, но никой не беше сигурен, че биха могли да преодолеят бариерите на националната идентичност, различния език, националните валути и много други ограничения, за да се обединят.

От края на 80-те години, лидерите на европейските държави започнаха сериозно да обсъждат въпроса от чисто икономическа гледна точка. През периода на Студената война, основната доминираща сила в света беше военната мощ, но след нейното приключване, тя бе заменена от икономическата стабилност.

За тази цел, страните на Европа опитваха да се обединят и в резултат постигнаха икономическия съюз. Остава да се постигне политическото обединение на страните с една правителствена система и ситуацията в момента ускорява този процес.

„Тоя образ, който е бил велик, и чийто блясък е бил превъзходен", за който говори Даниил 2:31, предсказва за разрастването и за дейността на Европейския Съюз. Той ни показва колко силен и мощен е ЕС.

ЕС ще притежава голяма сила

Как може ЕС да притежава голяма сила? Даниил 2:32 отговаря на този въпрос като обяснява от какво са направени главата, гърдите, ръцете, корема, бедрата, краката и стъпалата на образа.

Най-напред, в стих 32 е написано: *„Главата на тоя образ е била от чисто злато."* Това подсказва, че ЕС ще се подобри икономически и ще управлява своята икономическа сила чрез натрупване на богатства. Според това предсказание, ЕС ще има голяма полза от икономическото обединение.

По-нататък, цитатът гласи: „Гърдите му и мишците му от сребро", което символизира привидното социално, културно и политическо обединение в ЕС. Когато един президент представлява целия ЕС, тогава ще бъде постигнато пълно обединение в социален и културен аспект. Докато съществува непълно единство, всеки член ще търси собствената икономическа изгода.

По-нататък се казва: „Коремът му и бедрата му от мед." Това означава, че ЕС ще постигне военно единство. Всяка страна от ЕС иска да притежава икономическа сила. Тя ще бъде предназначена основно за икономическата печалба, което е и нейното крайно предназначение. За да се контролира света с икономически средства, няма друг избор, освен обединението в социалната, културната, политическата и военната сфера.

Накрая се казва: „Краката му от желязо." Това се отнася за друга здрава опора за засилването и укрепването на ЕС чрез религиозното обединение. Отначало, ЕС ще обяви католическата религия за своя областна религия. Тя ще се укрепи и ще стане механизъм за подкрепата, засилването и поддържането на ЕС.

Духовното значение на десетте пръста

Когато ЕС успее да обедини много страни в своята икономическа, политическа, социална, културна и религиозна сфера на влияние, той отначало ще демонстрира силата и единството си, но малко по малко, съюзът ще започне да изпитва признаци на несъгласие и разпадане.

В ранната фаза на ЕС, европейските държави ще се обединят, защото те си отдават концесии от взаимна икономическа ползва. С течение на времето, сред тях ще възникнат идеологични, социални, културни или политически разлики. Ще възникнат признаците на разделението. Накрая ще се разкрият религиозни конфликти между привържениците на Католицизма и Протестантството.

Даниил 2:33 казва: *„Нозете му отчасти от желязо, а отчасти от кал.“* Това означава, че някои от десетте пръста са направени от желязо, а други от кал. Десетте пръста не се отнасят за десет държави в ЕС. Те се отнасят за пет представителни държави, които изповядват Католицизма и други пет държави, които изповядват Протестантството.

Така, както желязото и калта не могат да се смесват и да се комбинират, страните, в които преобладава Католицизмът и страните, в които преобладава Протестантството не могат да се обединят напълно. Това означава, че доминиращите и доминираните не могат да се смесват.

С разрастване на несъгласието в ЕС, страните ще изпитват нарастваща нужда от религиозно обединение и Католицизмът ще става по-силен на много места.

Ето защо, за да има икономическа полза, ЕС ще бъде създаден в последните дни и тогава ще се издигне с голяма сила. По-късно ЕС ще обедини религиите си в Католицизма и съюзът ще стане още по-силен. Накрая ще се превърне в идол.

Идолите са почитани и уважавани от хората. В този смисъл, ЕС ще ръководи света с голяма сила и ще властва над него като мощен идол.

Третата Световна Война и ЕС

Както беше споменато по-нагоре, когато нашият Господ дойде отново във въздуха в края на света, безброй вярващи ще бъдат възнесени едновременно и на земята ще настъпи ужасен хаос. Междувременно ЕС ще вземе надмощие и ще властва над света в името на спазване на мира и реда, но по-късно ще се противопостави на Бога и това ще доведе до 7-годишни Велики страдания.

По-късно членовете на ЕС ще се разделят в търсене на собственото си благополучие. Това ще се случи в средата на 7-годишния период. Започването на Великите страдания, както е предсказано в 12 глава на Книгата на Даниил, ще следва хода на историята на Израел и историята на света.

Малко след започването на 7-годишния период на Велики страдания, ЕС непрекъснато ще увеличава силата и мощта си. Ще бъде избран президент на Съюза. Това ще се случи след като хората, които приемат Исус Христос за свой Спасител и получават правото да бъдат деца на Бога, внезапно са трансформирани и възнесени на небето по време на Второто пришествие.

Повечето евреи, които не приемат Исус за свой Спасител, ще останат на земята и ще страдат по време на 7-годишните Велики страдания. Ужасът и мъчението по време на този период ще бъдат неописуеми. Земята ще бъде обзета от нещастия, включително войни, убийства, екзекуции, глад, болести и бедствия, невиждани дотогава в историята на човечеството.

Началото на 7-годишния период на Велики страдания ще бъде отбелязан чрез войната между Израел и Близкия Изток. Между Израел и останалите държави от Близкия Изток винаги е съществувало напрежение и споровете за границите никога не са преставали. В бъдеще тези конфликти ще се задълбочават. Ще избухне тежка война, защото световните сили ще се намесят в петролния бизнес. Те ще съперничат помежду си за повече мощ и влияние в международните отношения.

Съединените щати, които традиционно са били съюзник на Израел, ще го подкрепят. Европейският съюз, Китай и Русия, които са против САЩ, ще станат съюзници на Близкия Изток и ще избухне Трета Световна война между световните сили.

По своите мащаби, Третата световна война ще бъде напълно различна от Втората Световна война. По време на Втората Световна война са убити и загиват над 50 милиона души. Мощността на съвременните оръжия, включително ядрените бомби, химическите и биологични оръжия и много други, не може да бъде сравнявана със силата на оръжията от Втората Световна война и резултатите от тяхното използване ще бъдат невъобразимо потресаващи.

Всякакви видове оръжия, включително ядрени бомби и различни новосъздадени оръжия, ще бъдат използвани безжалостно и ще причинят неописуеми разрушения и убийства. Страните, повели войната, напълно ще бъдат унищожени и разорени. Това няма да бъде краят на войната. Ядрената експлозия ще бъде последвана от радиоактивност и от радиоактивно замърсяване, в целия свят ще настъпят бедствия и сериозни промени в климата. В резултат на това, всички държави, както и държавите, започнали войната, ще изживеят земния ад.

В средата на този период, те ще прекратят използването на ядрени оръжия, защото тяхното използване ще застраши човечеството. Въпреки това, всички други оръжия и многочислени армии ще ускорят войната. САЩ, Китай и

Русия няма да могат да се възстановят.

Повечето страни по света ще се разпаднат, но ЕС ще се избави от по-големи щети. ЕС ще обещае да подкрепи Китай и Русия, но няма да участва активно във войната и ще претърпи по-малко загуби.

Когато световните сили, включително САЩ, претърпят големи загуби в безпрецедентна война, ЕС ще стане най-мощното международно обединение и ще управлява света. Отначало ЕС само ще наблюдава развитието на войната и ще се намеси едва след военното и икономическо унищожение на някои държави. Те няма да имат друг избор освен да следват решението на ЕС, защото са загубили властта си.

От този момент започва втората половина на 7-годишните Велики мъчения и в следващите три и половина години, антихристът, който управлява ЕС, ще контролира целия свят и ще се обяви за светец. Той ще измъчва и ще преследва всички, които му се противопоставят.

Разкрита е истинската същност на Антихриста

В първите години на Третата Световна война, няколко страни ще претърпят големи загуби и ЕС ще им обещае икономическа помощ чрез Китай и Русия. Израел ще бъде пожертван като основна причина за войната и по това време ЕС ще обещае да построи святия храм на Бога, за който толкова дълго копнеели израелтяните. С това успокоение от страна на ЕС, Израел ще мечтае за съживяване на славата, на която се е радвал с Божията благословия в далечното минало. Ето защо, страната също се съюзява с ЕС.

Заради своята подкрепа на Израел, президентът на ЕС ще бъде считан за спасител на евреите. Продължителните войни в Близкия изток ще бъдат прекратени и те ще възстановят отново Свещената земя, за да построят святия храм на Бога. Ще повярват, че е дошъл Месията и техният Цар, когото очаквали толкова дълго, ще възстановят напълно Израел и ще го прославят.

Радостта и надеждата им няма да продължават дълго. След възстановяването на святия храм на Бога в Йерусалим, ще се случи нещо неочаквано, което е предсказано в Книгата на Даниил:

> „И Той ще потвърди завет с мнозина за една седмица, а в половината на седмицата ще направи да престанат жертвата и приносът; и един, който запустява, ще дойде яздещ на крилото на мерзостите; и гняв ще се излее върху запустителя до определеното време" (Даниил 9:27).

> „И от него ще се подигнат сили, които ще омърсят светилището, да! крепостта, ще премахнат всегдашната жертва, и ще издигнат мерзостта, която докарва запустение" (Даниил 11:31).

„И от времето, когато се премахне всегдашната жертва, и се постави мерзостта, която докарва запустение; ще има хиляда и двеста и деветдесет дни" (Даниил 12:11).

И трите стиха говорят за едно и също събитие, което ще се случи в края на времената. Христос също говори за края на времената с този стих.

Той казва в Матей 24:15-16: *„Затова, когато видите мерзостта, която докарва запустение, за която говори пророк Даниил, стояща на светото място, (който чете нека разбира), тогава ония които са в Юдея, нека бягат по планините."*

Отначало евреите ще повярват, че ЕС е възстановил святия Божи храм на Свещената за тях земя, но с поругаване на мястото, ще бъдат шокирани и ще осъзнаят, че вярата им е била погрешна. Ще разберат, че са отвърнали поглед от Исус Христос, който е техен Месия и Спасител на човечеството.

Това е истинската причина заради която Израел трябва да се събуди, иначе няма да осъзнаят истината навреме. Израел ще разбере истината прекалено късно и тогава грешката ще бъде непоправима.

Ето защо аз искрено желая за теб, Израел, да се пробудиш, за да не се поддаваш на изкушенията на антихриста и да не бъдеш белязан от белега на звяра. Ако сте измамени от нежните и изкушителни думи на антихриста, който ви обещава мир и благоденствие и получите белега на звяра – „666", вие ще бъдете принудени да поемете пътя към неотменимата и вечна смърт.

Това, което е по-жалко е, че едва след разкриване идентичността на звяра, както е пророкувано от Даниил, много евреи ще разберат, че вярата им е била погрешна. С тази книга искам да приемете Месията, изпратен от Бога и да се избавите от седем-годишните Велики Страдания.

Следователно, трябва да приемете Исус Христос и да имате вяра, която е правилна в очите на Бога. Това е единственият начин за Вас да се избавите от 7-годишните Велики Страдания.

Колко жалко би било ако не бъдете възнесени на небето и останете на земята по време на Второто пришествие! За щастие, ще имате последен шанс за спасение.

Моля се страстно да приемете веднага Исус Христос, да живеете приятелски с братята и сестрите в Христос. Дори и сега не е прекалено късно за вас да се поучите от Библията. Тази книга ще ви покаже как да запазите вярата си по време на предстоящите Велики страдания и да намерите истинския път, който Бог е подготвил за Вашата последна възможност за спасение.

Постоянна любов на Бога

Бог е изпълнил Своето провидение за спасението на хората чрез Исус Христос и независимо от расата и от нацията, всеки, който приеме Христос за свой Спасител и спазва Божията воля, е дете на Бога и се радва на вечен живот.

Какво се случило с Израел и с хората му? Много от тях не приели Исус Христос и се отклонили от пътя на спасението. Колко жалко е, че няма да открият пътя за спасението чрез Исус Христос дори и след повторното Му идване във въздуха и възнесението на спасените Божи деца!

Какво ще се случи тогава с Божия избраник Израел? Няма ли да бъде народът му сред спасените деца на Бога? Богът на любовта е подготвил Неговия удивителен план за Израел в последния момент от историята на човечеството.

„Бог не е човек та да лъже, Нито човешки син та да се разкае; Той каза, и няма ли да извърши? Той говори, и няма ли да го тури в действие?"
(Числа 23:19)

Какво е последното провидение, което Бог е планирал

за Израел в края на времената? Бог е подготвил пътя за спасението на Неговите избраници израелтяните чрез осъзнаването, че разпънатият от тях Христос е дългоочакваният Месия и чрез пълното покаяние за техните грехове пред Бога.

Мъчително спасение

По време на 7-годишните Велики Страдания, хората ще видят мнозина да се възнасят в небето и да познаят истината. Онези, които останат на земята, ще повярват и ще приемат в сърцата си факта, че раят и адът наистина съществуват, че Бог е жив и Исус Христос е нашият единствен Спасител. Освен това, те ще опитат да не получат белега на звяра. След Отнасянето, те ще бъдат преобразени, ще прочетат Божието слово, записано в Библията, ще се съберат заедно, ще имат богослужителни служби и ще се опитат да живеят според Божието слово.

В ранните етапи на Великите страдания, много хора ще бъдат способни да водят религиозен живот и дори да проповядват Евангелието на други, защото все още няма да има организирани преследвания. Те ще откажат белега на звяра, защото ще знаят, че с него няма да бъдат спасени и ще направят всичко възможно да водят праведен живот дори и по време на Великите страдания. За тях ще бъде наистина трудно да запазят вярата си, защото Святият дух ще е напуснал света.

Много от тях ще проливат сълзи, защото няма да има кой да ръководи религиозните служби и да им помага да увеличат вярата си. Те ще трябва да запазят вярата си без защитата и силата на Бога. Ще скърбят в съжалението си, че не са следвали това, което учи Божието слово макар и да били посъветвани да приемат Христос и да водят праведен живот. Ще трябва да запазят вярата си след всякакви изпитания и гонения в този свят, където ще им бъде трудно да открият истинското Божие слово.

Някои от тях ще се крият далеч в планините, за да не бъдат белязани с белега на звяра – „666". Ще се изхранват с корени и растения и ще убиват животни, за да преживеят, защото няма да могат да купуват и да продават нищо ако не са белязани. През Втората половина на Великите страдания, в продължение на три и половина години, армията на Антихриста ще преследва вярващите строго и внимателно. Колкото и далеч да се крият, те ще бъдат разкривани и хващани от войската.

Правителството на звяра ще залови онези, които не са получили белега на звяра и ще ги принуди да се отрекат от Бога, за да бъдат белязани след големи мъчения. Много от тях накрая ще се предадат и няма да имат друг избор освен да бъдат белязани заради прекалената болка и ужаса на страданието.

Войниците ще ги окачат на стената голи и ще ги пробождат със свредел. Ще белят кожата им от главата до пръстите на краката. Ще измъчват собствените им деца пред очите им. Мъченията ще бъдат така жестоки, че за жертвите ще бъде трудно да умрат мъченически.

Ето защо, едва малцина, които успеят да преодолеят изтезанията чрез силна воля, превишаваща човешките възможности и умрат мъченически, ще могат да получат спасение и ще достигнат рая. Някои хора ще бъдат спасени като запазят вярата си без да предават Бога, получавайки мъченическа смърт под контрола на Антихриста през Великите страдания. Това се нарича „Мъчително спасение."

Бог има големи тайни, които е подготвил за мъчителното спасение на Божия избраник Израел. Това са Двамата свидетели и мястото Петра.

Явяването и духовенството на двамата свидетели

Откровение 11:3 казва: *„А на двамата си свидетели ще дам да пророкуват хиляда двеста и шестдесет дни, облечени във вретища."* Двамата свидетели са хората, които Бог е предвидил в Своя план преди началото на времената, за да спасят Неговия избраник, Израел. Те ще свидетелстват на евреите в Израел, че Исус Христос е единственият Месия, за когото е пророкувано в Стария завет.

Бог ми говори за Двамата свидетели. Той обясни, че те не са толкова стари, че са праведни и имат чисти сърца. Той ми показа как се изповядва пред Бога един от тях. Според неговата изповед, той е вярвал в Юдаизма, но чул, че много хора вярвали в Исус Христос като Спасител и говорили за Него. Той се молил на Бога да му помогне да различи правилното от грешното с думите:

„О, Господи!

Защо е нещастно сърцето ми?
Аз вярвам във всичко
Което чух от родителите ми,
Когато бях млад,
Но защо сърцето ми е изпълнено с нещастие и въпроси?

Много хора говорят за Месията.

Но ако може някой просто да ми покаже
С ясно доказателство
Дали е правилно да им вярвам
Или да вярвам само на това, което съм чул като млад,
Ще бъда радостен и благодарен.

Но не мога да видя нищо,
И за да следвам това, което ми казват хората,
Трябва да считам за глупави и незначителни всички неща,
Които съм спазвал, когато бях млад.
Какво наистина е правилното за Тебе?

Отче Господи!
Ако желаеш,
Покажи ми човек,
Който може да разбере всичко.
Нека дойде при мен и да ме научи
Кое е наистина правилно и коя е истината.

Когато погледна в небето,
Изпитвам това безпокойство в сърцето си,
И ако някой може да разреши този проблем,
Моля те, покажи ми го.

Не мога да предам от сърце всички неща,
В които съм вярвал
И когато се замисля за тях,
Ако има някой,
Който да ми ги покаже,
Ако може да ми покаже, че това е истината,
Тогава аз не съм предал всички неща,
Които съм видял и научил.

Следователно, Отче Господи!
Моля те, покажи ми го.

Позволи ми да разбера всички тези неща.

Толкова неща ме безпокоят.

Вярвам, че всички неща, които съм чул досега, са истина.

Но когато продължавам да мисля за тях,
Имам много въпроси и жаждата ми не е утолена;
Защо е така?

Следователно, само ако мога да видя всички тези неща
И ако мога да съм сигурен в тях;
Само ако мога да бъда сигурен, че това
Не е предателство
Срещу начина, по който съм вървял досега;
Само ако мога да видя истината;
Само ако мога да разбера всичко,
За което си мисля,
Тогава ще бъда спокоен."

Двамата свидетели, които са евреи, търсят чистата истина, Бог ще им отговори и ще им изпрати човек на Бога. Чрез Божия човек, те ще разберат провидението за човешкото развитие и ще приемат Исус Христос. Те ще останат на земята по време на 7-годишните Велики страдания и ще провеждат духовенство за разкаянието и спасението на Израел. Ще получат специалната сила на Бога и ще свидетелстват за Исус Христос на израелтяните.

Те ще бъдат напълно праведни в очите на Бога и ще бъдат духовници в продължение на 42 месеца, както е записано в Откровение 11:2. Причината, заради която Двамата свидетели идват от Израел е защото началото и краят на евангелието е Израел. Евангелието било разпространено в света от апостол Павел и сега, ако то отново стигне до Израел, който е отправна точка, тогава евангелието ще е изпълнило своето предназначение.

Христос е казал в Деяния 1:8, *„Но ще приемете сила, когато дойде върху вас Святият Дух, и ще бъдете свидетели за Мене както в ЙЙерусалим, така и в цяла Юдея и Самария, и до края на земята."* „До края на земята" тук се отнася за Израел, който е крайната дестинация на Евангелието.

Двамата свидетели ще проповядват на евреите посланието на кръста и ще им обяснят за спасението с Божията сила. Те ще изпълнят удивителни чудеса и знамения, за да потвърдят посланието. Ще имат силата да затворят небето, за да не вали дъжд по време на техните проповеди; ще имат силата да превърнат реките в кръв и да обсипят земята с болести винаги, когато желаят.

Много евреи по този начин ще се завърнат към Бога, но в също време други ще бъдат безсъвестни и ще се опитат да убият Двамата свидетели. Не само онези евреи, но и много злонамерени хора от други страни под контрола на антихриста ще мразят силно Двамата свидетели и ще се опитват да ги убият.

Мъченичеството и възкресението на Двамата свидетели

Силата на Двамата свидетели е толкова голяма, че никой няма да се осмели да им навреди. Накрая властите ще участват в убийството им. Причината, поради която Двамата свидетели ще бъдат убити не е заради желанието на властите, а защото Божията воля е да умрат мъченически в определеното време. Мястото на убийството им не е друго, а мястото, където Христос е бил разпънат и това предрича тяхното възкресение.

Когато Христос бил разпънат, римските войници пазили гроба му, за да не може никой да вземе тялото Му, което повече не било видяно, защото възкръснал. Убийците на Двамата свидетели ще си спомнят това и ще се притесняват, че някой може да вземе телата им. Ето защо, те няма да позволят телата им да бъдат погребани, а ще ги оставят на улицата, за да ги виждат всички. Порочните хора ще се радват на смъртта им.

Целият свят ще се радва и ще празнува и в продължение на три и половина дни масмедиите ще разпространяват новината за смъртта им. След три и половин дни, Двамата свидетели ще възкръснат. Те ще се съживят отново, ще се изправят и ще се възнесат на небето сред облак от слава, както Илия. Удивителната сцена ще бъде представена в целия свят и безброй хора ще я видят.

В този час ще има голямо земетресение, в което ще загинат седем хиляди души. Това е описано подробно в Откровение 11:3-13.

„А на двамата си свидетели ще дам да пророкуват хиляда двеста и шестдесет, дни облечени във вретища. Те са двете маслини и два светилника, които стоят пред Господаря на земята. И ако някой поиска да ги повреди, огън излиза от устата им, та изяжда неприятелите им; и ако поиска някой да ги повреди, така трябва той да бъде убит. Те имат власт да заключат небето, та да не вали дъжд през времето, за което те пророкуваха; и имат власт над водите да ги превръщат на кръв и да поразяват земята с всяка язва, колкото пъти биха поискали. И когато свършат свидетелствуването си, звярът, който възлиза от бездната ще воюва против тях, ще ги победи и ще ги убие. И труповете им ще лежат по улиците на големия град, който духовно се нарича Содом и Египет, гдето и техният Господ биде разпнат. И мнозина измежду людете, племената, езиците и народите ще гледат труповете им три дни и половина и не ще позволят да бъдат положени труповете им в гроб. И земните жители ще се зарадват за тях, ще се развеселят, и един на друг ще си пратят *подаръци, защото тия два пророка са мъчили жителите на земята. А след трите и половина дни влезе в тях жизнено дишане от Бога, и те се изправиха на нозете си; и голям страх обзе ония, които ги гледаха. А те чуха силен глас от небето, който им казваше: Възлезте тука. И възлязоха на небето в облак; и неприятелите им ги видяха. И на часа стана голям трус, и десетата част от града падна, та измряха в труса седем хиляди човека; и останалите се уплашиха, та отдадоха слава на небесния Бог"* (Откровение 11:3-13).

Независимо колко неподатливи са, ако имат поне малко доброта в сърцата си, те ще разберат, че земетресението, възкресението и възнесението на небето на Двамата свидетели е Божие дело и ще Го възхваляват. Ще бъдат принудени да признаят факта, че Христос е възкръснал с Божията сила преди около 2000 хиляди. Независимо от всичко това, някои порочни хора няма да възхваляват Бога.

Призовавам всеки от вас да приеме любовта на Бога. До последния момент Бог иска да Ви спаси и желае да слушате Двамата свидетели. Двамата свидетели ще свидетелстват с великата Божия сила, получена от Бога. Те ще пробудят множество хора за любовта и волята на Бога и те ще Ви ръководят, за да получите последна възможност са спасение.

Страстно Ви моля да не оставате на страната на враговете, които принадлежат на дявола и ще Ви поведат по пътя на унищожението, а да слушате Двамата свидетели, за да получите спасение.

Петра, убежище за евреите

Другата тайна на Бога за Неговия избраник, Израел, е Петра – убежище по време на седем-годишните Велики страдания. Исая 16:1-4 обяснява за мястото, наречено Петра.

> *„Пращайте агнета за княза на земята От Села в пустинята До хълма на сионовата дъщеря. Защото, подобно на скитаща се птица Изпъдена из гнездото си, Такива ще бъдат моавските дъщери при бродовете на Арнон. Съветвай се, извърши правосъдие; Всред пладне направи сянката си като нощ; Скрий изпъдените, не издавай скитащия се. Изпъдените ми нека пришелствуват при тебе, Моаве; Бъди им покров от разорителя; Защото грабителят изчезна, разорителят престана. Потъпквачите се изтребиха от земята"* (Исая 16:1-4).

Земята на Моав означава земята на Йордания в източната част на Израел. Петра е археологически паметник в югозападната част на Йордания, разположена на планината Хор сред планините, образуващи източния склон на Уади Араба, обширната долина между Мъртво море и Персийския залив. Името Петра се свързва също с град Села и означава „скала", което е споменато в Библията в 4 Царе 14:7 и Исая 16:1.

След като Господ дойде отново във въздуха, Той ще посрещне спасените хора и ще се весели на 7-годишното тържество. След това, Той ще слезе с тях на земята и ще управлява света през следващото Хилядолетие. В продължение на 7 години, от Второто пришествие на Господ във въздуха за Възнесението до слизането Му на земята, светът ще бъде обзет от страдания. В течение на три и половина години по време на втората половина на Великите страдания – за 1260 дни израелтяните ще се укриват в подготвеното от Бога убежище. Това място е Петра (Откровение 12:6-14).

Защо евреите ще се нуждаят от убежище?

Когато Бог избрал израелтяните, те били нападани и преследвани от всякакви раси. Причината за това е, че дяволът, който винаги се противопоставя на Бога, се опитвал да попречи на Израел да получи Божията благословия. Същото ще се случи и в края на света.

Когато евреите разберат по време на 7-годишните Велики страдания, че техният Месия и Спасител е Христос, който слязъл на земята преди 2000 години и опитат да се покаят, дяволът ще ги преследва докрай, за да им попречи да запазят вярата си.

Бог, който знае всичко, подготвил скришно място за Неговите избраници, израелтяните, с което показва любовта Си към тях. Според Божия план и любовта Му, израелтяните ще влязат в Петра, за да избягат от разрушителите.

Както Христос е казал в Матей 24:16: *„Тогава ония които са в Юдея, нека бягат по планините"*, евреите ще могат да се спасят от 7-годишните Велики страдания в скришно място в планините, ще запазят вярата си и ще получат спасение.

Когато ангелът на смъртта убил всички първородни в Египет, евреите бързо се свързали помежду си и се спасили от бедата като сложили кръв от агнеца на двете врати и на трегерите на къщите си.

По същия начин, евреите ще се свържат бързо помежду си, за да разберат къде да се скрият преди правителството на антихриста да започне да ги арестува. Те ще знаят за Петра, защото мнозина евангелисти са проповядвали за убежището и дори невярващите ще променят мнението си и ще се укрият.

В убежището няма да има място за всички хора. Много от тях, които са се покаяли чрез Двамата свидетели, няма да могат да се скрият в Петра, ще запазят вярата си по време на Великите страдания и ще умрат мъченически.

Любовта на Бога чрез Двамата свидетели и Петра

Скъпи братя и сестри, нямате ли възможност за спасение чрез възкресението? Не се колебайте тогава да отидете в Петра, последният шанс за Вашето спасение, отдаден с Божията милост. Скоро ще дойдат големи нещастия, причинени от антихриста. Трябва да се скриете в Петра преди да загубите последната възможност за спасение чрез намесата на антихриста.

Нямате ли възможност да се скриете в Петра? Единственият начин тогава за Вас да получите спасение и да идете в рая е да не се отричате от Бога и да не приемате знака на звяра „666". Трябва да преодолеете всички изтезания и да умрете мъченически. Това изобщо не е лесно, но трябва да го направите, за да избягате от вечните мъчения в езерото с горящ огън.

Искрено Ви желая да не се отклонявате от пътя на спасението като не забравяте никога за неизчерпаемата любов на Бога, за да преодолеете всичко със смелост. Докато Вие се борите и воювате срещу всякакви изкушения и преследвания, антихристът ще Ви причинява страдания. Ние – братята и сестрите по вяра страстно ще се молим да победите.

Истински Ви желаем да приемете Исус Христос преди всичко това да се случи и да бъдете възнесени във въздуха с нас, да отидете на Сватбеното тържество, когато Господ дойде отново. Непрестанно се молим със сълзи от любов Бог да запомни делата, извършени с вяра на великите Ви праотци и уговорката с тях, за да Ви даде още веднъж възможността за спасение.

В Неговата голяма любов Бог е подготвил Двамата свидетели и Петра, за да можете да приемете Исус Христос като Месията и Спасител и да получите спасение. До последния момент от историята на човечеството, аз Ви моля да не забравяте за постоянната любов на Бога, който никога няма да Ви изостави.

Преди да Ви изпрати Двамата свидетели, за да Ви подготвят за предстоящите Велики страдания, Богът на любовта е изпратил човек на Бога и му е заръчал да Ви каже какво ще се случи в последните часове на света, за да Ви ръководи по пътя към спасението. Бог не иска нито един от Вас да остане сред 7-годишните Велики страдания. Дори да останете на земята след възнесението, Той иска да се захванете и да се държите за последната възможност за спасение. Това е великата любов на Бога.

Няма да мине дълго преди да започнат 7-годишните Велики страдания. В тези неизживявани дотогава бедствия в цялата история на човечеството, нашият Бог ще изпълни Неговия план за израелтяните. Историята за развитието на човечеството ще бъде завършена със завършване историята на Израел.

Представете си, че евреите разбират истинската Божия воля и веднага приемат Христос за свой Спасител. Тогава, дори и да трябва историята на израелтяните в Библията да бъде променена и записана отново, Бог ще го направи с охота. Божията любов към Израел е невъобразима.

Много евреи са изминали, изминават и ще изминат по своя собствен път докато настъпи критичният час. Всемогъщият Бог, който знае всичко, което ще се случи в бъдещето е осигурил последна възможност за Вашето спасение и Ви ръководи с неизменната Си любов.

„*Ето, Аз ще ви изпратя пророк Илия, Преди да дойде великият и страшен ден Господен; И той ще обърне сърцето на бащите към чадата, И сърцето на чадата към бащите им, Да не би да дойда и поразя земята с проклетия*" (Малахия 4:5-6).

Благодаря и възхвалявам Бога, който ръководи по пътя на спасението не само израелтяните, Неговите избраници, но и всички хора от всички нации с Неговата безкрайна любов.

Авторът:

Д-р Джейрок Лий

Д-р Джейрок Лий е роден в Муан, провинция Джионам, република Корея, през 1943 година. На двадесет години д-р Лий започнал да страда от различни неизлечими болести в продължение на седем години и очаквал смъртта без надежда да оздравее. Въпреки това, един ден през пролетта на 1974 г. сестра му го завела на църква, той коленичил в молитва и живият Бог веднага го излекувал от всички болести.

От момента в който д-р Лий срещнал живия Бог чрез това прекрасно преживяване, той започнал да Го обича от все сърце и през 1978 година бил призован да стане Божи служител. Молил се пламенно, за да разбере Божията воля и да спазва Божието слово. През 1982 г. основал Централната църква Манмин в Сеул, Южна Корея, където започнали да се извършват безброй Божии дела, включително чудотворни изцеления и чудеса.

През 1986 г. д-р Лий бил ръкоположен за пастор на годишната среща на Светата корейска църква на Исус, а четири години по-късно, през 1990 г., неговите проповеди започнали да се излъчват в Австралия, Русия, Филипините и много други страни чрез далекоизточната радиопредавателна компания, азиатската радиостанция и вашингтонското християнско радио.

Три години по-късно, през 1993 г. Централната църква Манмин

била избрана от списание Християнски свят (САЩ) като една от 50-те водещи световни църкви и той получил титлата почетен доктор по богословие от Християнския колеж във Флорида, САЩ. През 1996 г. д-р Лий защитил докторат по християнско духовенство от Теологичната семинария Кингсуей, Айова, САЩ.

От 1993 г. д-р Лий ръководи световната мисия чрез множество международни мероприятия в Танзания, Аржентина, Лос Анжелес, град Балтимор, Хавай и Ню Йорк в САЩ, Уганда, Япония, Пакистан, Кения, Филипините, Хондурас, Индия, Русия, Германия, Перу, Демократична република Конго, Израел и Естония.

През 2002 г. той бил обявен за "Световен пастор" от най-важните християнски вестници в Корея за своята работа в различни международни обединени мисии. По-конкретно мисията през 2006 г. в Ню Йорк, проведена на Медисън Скуеър Гардън, най-известната сцена на света. Събитието бе излъчено в 220 държави и по време на неговата обединена мисия в Израел през 2009 г., проведена в Международния конгресен център (ICC) в Ерусалим, той смело провъзгласи, че Исус Христос е Месията и Спасител.

Проповедите му се излъчват в 176 държави чрез сателити, включително GCN TV и е включен в списъка на "Десетте най-влиятелни християнски лидери" за 2009 и 2010 г. от известното руско християнско списание In Victory и информационната агенция Christian Telegraph за могъщото му духовенство по телевизията и в чужбина.

Към месец май, 2013 г., паството на Централната църква Манмин наброява над 120,000 члена. Има 10,000 църковни клонове по света, включително 56 национални църковни клонове и над 129 мисионери са изпратени в 23 държави, включително в САЩ, Русия, Германия, Канада, Япония, Китай, Франция, Индия, Кения и много други..

Към датата на тази публикация, д-р Лий е написал 85 книги, включително бестселърите *Опитване на вечния живот преди смъртта, Моят живот Моята вяра I и II, Посланието на кръста, Мярката на вярата, Небето I и II, Ад, Събуди се, Израел!* и *Божията сила*. Книгите му са преведени на повече от 75 езика.

Неговите статии за християнството са публикувани в следните издания: *The Hankook Ilbo, The JoongAng Daily, The Dong-A Ilbo, The Munhwa Ilbo, The Seoul Shinmun, The Kyunghyang Shinmun, The Hankyoreh Shinmun, The Korea Economic Daily, The Korea Herald, The Shisa News* и *Християнската преса*.

Понастоящем Д-р Лий е ръководител на редица мисионерски организации и асоциации. Той е председател на Обединената света църква на Исус Христос, президент на Световната мисия на Манмин, постоянен президент на Световната християнска асоциация за изцеление, основател на телевизията Манмин, основател и председател на съвета на Глобалната християнска мрежа (GCN), основател и председател на съвета на Световната мрежа на християнските лекари (WCDN) и основател и председател на съвета на Международната семинария Манмин (MIS).

Други силни книги от същия автор

Небето I & II

Подробна картина на красивата обител, на която се радват небесните жители и прекрасно описание на различните равнища на небесните царства.

Посланието на Кръста

Мощно пробуждащо послание за всички хора, които са духовно заспали! С тази книга ще разберете защо Христос е единственият Спасител и истинската Божия любов.

Ад

Ревностно послание за цялото човечество от Бога, който не иска нито една душа да попадне в Ада! Ще разкриете жестоката действителност на чистилището и ада, описана за първи път.

Дух, Душа и Тяло I & II

Ръководство за духовно разбиране на духа, душата и тялото, което ни помага да открием какъв вид "същност" сме изградили, за да добием силата да победим тъмнината и да станем хора на духа.

Мярката на Вярата

Каква обител, каква корона и какви награди са запазени за вас на небето? Тази книга дарява с мъдрост и ръководство, за да разберете вярата си и да я направите истинска и всеотдайна.

Пробуди се, Израел

Защо Бог не откъсва поглед от Израел от неговото създаване до наши дни? Какво е Божието провидение за Израел през последните дни, когато очаква Месията?

Моят Живот, Моята Вяра I & II

Силен духовен аромат, извлечен от живота, процъфтял с несравнима любов към Бога сред тъмни вълни, изпитания и дълбоко отчаяние.

Божията Сила

Задължително четиво, което ни ръководи, за да притежаваме истинска вяра и да изпитаме чудната сила на Бога.

www.urimbooks.com

www.ingramcontent.com/pod-product-compliance
Lightning Source LLC
LaVergne TN
LVHW041809060526
838201LV00046B/1192